Hagen Law School
Fachanwaltslehrgänge

Herausgegeben von
Prof. Dr. Katharina Gräfin von Schlieffen
Prof. Dr. Gabriele Zwiehoff

Karel Meyer

Jahresabschlüsse und Bilanzierung im Steuerrecht

5. überarbeitete Auflage

Stand: 2022

HWV

HAGENER WISSENSCHAFTSVERLAG

Bibliografische Information der Deutschen Nationalbibliothek

Die Deutsche Nationalbibliothek verzeichnet diese Publikation in der Deutschen Nationalbibliografie; detaillierte bibliografische Daten sind im Internet über http://dnb.d-nb.de abrufbar.

ISBN 978-3-7321-0540-3

Der Autor:

Dipl.-Betriebsw. (FH) Karel Meyer, M.BC., ist Steuerberater und in eigener Kanzlei in Wald-Michelbach und Darmstadt tätig. Nach Ausbildung zum Steuerfachangestellten folgte ein Studium an der FH Worms zum Diplom Betriebswirt (FH) und 2012 nach bestandener Steuerberaterprüfung die Bestellung zum Steuerberater. Zusätzlich absolvierte er ein Studium zum Master of Business Consulting (M.BC.) und legte die Prüfung zum Fachberater für Unternehmensnachfolge (DStV e.V.) erfolgreich ab. Der Autor ist in eigener Kanzlei als Steuerberater und Unternehmensberater tätig und arbeitet schwerpunktmäßig in der steuerrechtlichen und betriebswirtschaftlichen Gestaltungsberatung für mittelständische Unternehmen und Unternehmer. Desweiteren ist er als Lehrbeauftragter für verschiedene Institutionen tätig sowie ehrenamtliches Mitglied im Prüfungsausschuss zur Bilanzbuchhalterprüfung IHK.

© 2022 HWV • HAGENER WISSENSCHAFTSVERLAG,
in der iuria GmbH
Bredelle 53, 58097 Hagen
E-Mail: kontakt@hwv-verlag.de, Internet: www.hwv-verlag.de
Printed in Germany. Alle Rechte, auch die des Nachdrucks von Auszügen, der photomechanischen Wiedergabe und der Übersetzung, vorbehalten.

Inhalt

- A. Jahresabschlüsse und Bilanzierung 11
  - I. Kaufmannseigenschaft/Handelsgewerbe 12
    1. Gewerbebetrieb (nach zivil- und handelsrechtlichen Grundsätzen) 13
    2. Art und Umfang des Geschäftsbetriebs 15
    3. Kaufmann kraft Rechtsform (Formkaufmann) 16
  - II. Definition des Jahresabschlusses 17
  - III. Sinn und Zweck des Jahresabschlusses 18
    1. Interner Blickwinkel 18
    2. Externer Blickwinkel 19
  - IV. Veröffentlichungspflichten 20
    1. Veröffentlichung dem Grunde nach 21
    2. Umfang der Veröffentlichung/Erleichterungen 22
       a) Allgemeines 22
       b) Sonderfall der Kleinstkapitalgesellschaften (MicroBilG) 22
    3. Technische Möglichkeiten der Veröffentlichung 23
    4. Sanktionen bei unterlassener Veröffentlichung 24
  - V. Handelsrechtlicher Jahresabschluss 24
    1. Bilanz 25
    2. Vermögen des Kaufmanns 26
       a) Vermögensgegenstände und Wirtschaftsgüter 26
       b) Zurechnung von Vermögensgegenständen und Wirtschaftsgütern 28
    3. Bilanzierungsgrundsätze 29
       a) Grundsätze der ordnungsgemäßen Buchführung (GoB) 30
       b) Stichtagsprinzip 31
       c) Vollständigkeit 32

- d) Grundsatz der Bilanzkontinuität (Bilanzenzusammenhang/ Änderung der Bewertungsmethoden) 33
  - aa) Bilanzidentität 33
  - bb) Prinzip der Ansatz- und Bewertungsstetigkeit 33
- e) Grundsatz der Vorsicht 34
- f) Prinzip der Unternehmensfortführung (going-concern) 34
- g) Zeitgerechte Abgrenzung/Zuordnung von Aufwand und Ertrag 34

4. Bilanzierung dem Grunde nach (Ansatzvorschriften) 35
   - a) Allgemeines 35
   - b) Anlage- und Umlaufvermögen 35
   - c) Schulden 36
     - aa) Verbindlichkeiten 36
     - bb) Rückstellungen (allgemein) 37
   - d) Rechnungsabgrenzungsposten (RAP) 37
     - aa) Aktive Rechnungsabgrenzungsposten (aRAP) 38
     - bb) Passive Rechnungsabgrenzungsposten (pRAP) 39
     - cc) Agio/Disagio-Fälle, § 250 Abs. 3 HGB 39
   - e) Bilanzierungsverbote 40
     - aa) Gründungsaufwand gem. § 248 Abs. 1 Nr. 1 HGB 40
     - bb) Kosten der Eigenkapitalbeschaffung gem. § 248 Abs. 1 Nr. 2 HGB 41
     - cc) Aufwand für Versicherungsabschlüsse gem. § 248 Abs. 1 Nr. 3 HGB 41
     - dd) Aktivierungswahlrecht immaterieller Vermögensgegenstände gem. § 248 Abs. 2 HGB 41
   - f) Rückstellungen gem. § 249 HGB 42
     - aa) Rückstellungen für ungewisse Verbindlichkeiten und drohende Verluste aus

       schwebenden Geschäften
       (§ 249 Abs. 1 Satz 1) 42
   bb) Unterlassene
       Instandhaltungsaufwendungen/
       Abraumbeseitigung
       (§ 249 Abs. 1 Satz 2 Nr. 1 HGB) 43
   cc) Gewährleistung ohne rechtliche
       Verpflichtung
       (§ 249 Abs. 1 Satz 2 Nr. 2 HGB) 44
 g) Latente Steuern (§ 274 HGB) 44

5. Bilanzierung der Höhe nach
(Bewertungsvorschriften nach Handelsrecht) 45
 a) Anschaffungskosten 46
 b) Herstellungskosten § 255 Abs. 2 HGB 48
   aa) Aktivierungspflichtige Herstellungskosten
       (§ 255 Abs. 2 Satz 2 HGB) 48
   bb) Aktivierbare Kosten
       (§ 255 Abs. 2 Satz 3 HGB) 49
   cc) Aktivierungsverbot/keine
       Herstellungskosten
       (§ 255 Abs. 2 Satz 4 HGB) 49
 c) Abschreibung (Absetzung für Abnutzung,
   kurz AfA) von Vermögensgegenständen 49
   aa) Lineare Abschreibung 50
   bb) Degressive Abschreibung (Restwert-AfA) 50
   cc) Leistungsabschreibung 51
   dd) Zulässigkeit/Übernahme steuerrechtlicher
       Besonderheiten 52
 d) Bewertung von Vermögensgegenständen des
   Anlagevermögens (§ 253 Abs. 3 HGB) 52
   aa) Voraussichtlich dauernde Wertminderung
       (§ 253 Abs. 3 Satz 5 HGB) 53
   bb) Sonderfall Finanzanlagen
       (§ 253 Abs. 3 Satz 6 HGB) 54
 e) Bewertung von Vermögensgegenständen des
   Umlaufvermögens (§ 253 Abs. 4 HGB) 54
 f) Bewertung von Verbindlichkeiten 55

       g) Bewertung von Rückstellungen 56
       h) Wertaufholungsgebot (§ 253 Abs. 5 HGB)............ 58
   6. Gewinn- und Verlustrechnung (GuV) 59
VI. Bilanzkennzahlen/Jahresabschlussanalyse 59
   1. Kennzahlen zur Vermögensstruktur 60
       a) Anlagenintensität 60
       b) Ausnutzungsgrad des Anlagevermögens 60
   2. Kennzahlen zur Kapitalstruktur 61
       a) Eigenkapitalquote 61
       b) Fremdkapitalquote 61
   3. Maßgaben zur Finanzstruktur 61
       a) Goldene Finanzierungsregel (Bankregel) 62
       b) Goldene Bilanzregel 62
   4. Kennzahlen zur Rentabilität 62
       a) Eigenkapitalrentabilität.. 62
       b) Gesamtkapitalrentabilität 62
       c) Umsatzrentabilität oder Umsatzrendite................. 63
VII. Steuerlich relevante Tatbestände und Abweichungen
    von der handelsbilanziellen Beurteilung innerhalb und
    außerhalb des Jahresabschlusses................................ 63
   1. Kurzvergleich der Rechtslagen § 5 EStG neu/alt 63
       a) Grundsatz der Maßgeblichkeit der
          Handelsbilanz 63
       b) Umgekehrte Maßgeblichkeit
          (alte Gesetzesfassung) 64
       c) Steuerliches Verzeichnis gem.
          § 5 Abs. 1 Satz 2 EStG
          (neue, aktuelle Fassung) 64
   2. Steuerliches Betriebsvermögen 65
       a) Notwendiges Betriebsvermögen 66
       b) Gewillkürtes Betriebsvermögen 67
       c) Notwendiges Privatvermögen 68
       d) Sonderfall/Ausnahme untergeordnete
          Grundstücks- und/oder Gebäudeteile gem.
          § 8 EStDV 68
   3. Grundstücke und Grundstücksteile im Steuerrecht
      aus bilanzieller Sicht 69

a) Selbstständige Gebäudeteile
(R 4.2 Abs. 3 EStR) 70
   aa) Betriebsvorrichtungen 71
   bb) Scheinbestandteile 72
   cc) Ladeneinbauten 72
   dd) Mietereinbauten 72
b) Sonstige selbstständige Gebäudeteile
(R 4.2 Abs. 4 EStR) 72
4. Steuerliche Besonderheiten: Anschaffungskosten von Gebäuden gem. § 6 Abs. 1 Nr. 1a EStG (anschaffungsnahe Herstellungskosten) 78
5. Abschreibungsregelungen im Steuerrecht 79
   a) Lineare AfA (§ 7 Abs. 1 Satz 1 bis 5 EStG) 80
   b) Leistungs-AfA (§ 7 Abs. 1 Satz 6 EStG) 81
   c) Außerordentliche AfA (§ 7 Abs. 1 Satz 7 EStG) 81
   d) Degressive AfA (§ 7 Abs. 2 EStG) 81
   e) Wechsel der AfA-Art (§ 7 Abs. 3 EStG) 82
   f) Gebäude-AfA (§ 7 Abs. 4, 5 EStG) 82
      aa) Gebäude im Betriebsvermögen und nicht Wohnzwecken dienend sowie Bauantrag nach 31. März 1985 82
      bb) Sonstige Gebäude 83
   g) Sonder-Abschreibung (§ 7g Abs. 5 EStG) 83
   h) Geringwertige Wirtschaftsgüter
      (§ 6 Abs. 2 EStG) 84
   i) Sammelposten (§ 6 Abs. 2a) EStG) 84
6. Sonderfall Investitionsabzugsbeträge zur Förderung kleiner und mittlerer Betriebe
(§ 7g Abs. 1 EStG) 85
7. Steuerliche Bewertungsvorschriften 86
   a) Steuerlicher Begriff des Teilwerts
      (§ 6 Abs. 1 Nr. 1 Satz 3 EStG) 86
   b) Abnutzbare Wirtschaftsgüter des Anlagevermögens (§ 6 Abs. 1 Nr. 1 EStG) 87
   c) Wertaufholungsgebot
      (§ 6 Abs. 1 Nr. 1 Satz 4 EStG) 87

      d) Andere Wirtschaftsgüter
         (§ 6 Abs. 1 Nr. 2 EStG) 88
      e) Verbindlichkeiten (§ 6 Abs. 1 Nr. 3 EStG) 88
      f) Rückstellungen
         (§ 6 Abs. 1 Nr. 3a lit. a bis f EStG) 90
      g) Entnahmen (§ 6 Abs. 1 Nr. 4 EStG) 90
         aa) Allgemeine Entnahmen 91
         bb) Private Kfz-Nutzung (1 %-Regelung) 92
      h) Einlagen (§ 6 Abs. 1 Nr. 5 EStG) 93

B. Steuerliche Besonderheiten im Hinblick auf die Rechtsform ... 95

  I. Einzelunternehmen 95
      1. Einzelunternehmen/Freiberufler
         (ohne Eintragung im Handelsregister) 95
      2. Einzelkaufmann 96
  II. Personalistisch strukturierte Gesellschaften 96
      1. Personengesellschaften 97
         a) GbR (§§ 705 ff. BGB) 97
         b) Partnerschaftsgesellschaft nach dem
            Partnerschaftsgesellschaftsgesetz 97
         c) Partnerschaftsgesellschaft mit beschränkter
            Berufshaftung (PartG mbB) 98
      2. Personenhandelsgesellschaften 99
         a) Offene Handelsgesellschaft (oHG)
            (§§ 105 ff. HGB) 100
         b) Kommanditgesellschaft (KG) (§§ 161 ff. HGB) ... 100
  III. Kapitalistisch strukturierte Gesellschaften 101
      1. Aktiengesellschaft (AG) 101
      2. GmbH und Unternehmergesellschaft (UG)
         haftungsbeschränkt 102

Literaturverzeichnis 104

Anhang 105

A. Jahresabschlüsse und Bilanzierung

Die Regelungen über Jahresabschlüsse von Unternehmen finden sich insbesondere im HGB, sowie in ergänzenden Rechtsvorschriften des Genossenschaftsgesetzes, des GmbH-Gesetzes, des Aktiengesetzes und des Publizitätsgesetzes.

Dabei muss in jedem Einzelfall beachtet werden, dass neben den rechtsformunabhängigen Vorschriften zum Jahresabschluss (§§ 238 bis 263 HGB) auch besondere Regelungen existieren für Personengesellschaften, sofern sie unter die Regelungen des Publizitätsgesetzes fallen, wie auch für Kapitalgesellschaften und für Personenhandelsgesellschaften, bei denen nicht mindestens ein persönlich haftender Gesellschafter eine natürliche Person ist (sog. „KapCoGes").

Dies trifft insbesondere auf eine Vielzahl der aktuell existenten „GmbH & Co. KG" zu, bei denen in der Regel der Komplementär der KG – als persönlich und vollständig haftender Gesellschafter (Vollhafter) – einzig die betreffende GmbH (häufig als Verwaltungs-GmbH bezeichnet) ist. Damit haftet dann keine natürliche Person persönlich.

Weitere, zumeist ergänzende Vorschriften, ergeben sich aus gesetzlichen Regelungen aufgrund bestimmter Branchenzugehörigkeiten. So ergeben sich z. B. für Unternehmen im Bereich der häuslichen Krankenpflege Sonderregelungen nach den Vorschriften der Verordnung über die Rechnungs- und Buchführungspflichten der Pflegeeinrichtungen (Pflege-Buchführungsverordnung – PBV).

Sofern auch in BGB-Vorschriften entsprechende Regelungen enthalten sind (insbesondere zu Gesellschaften), muss der Vorrang des HGB in Handelssachen gem. Art. 2 Abs. 1 EGHGB beachtet werden.

Eine Anmerkung zu den Zitaten aus den Einkommensteuerrichtlinien (EStR) und dazu ergangenen Hinweisen (H):

Auch wenn es sich bei diesen Vorschriften „nur" um Verwaltungsanweisungen handelt, haben sie durchaus auch die Funktion eines Kommentars mit vielerlei Hinweisen auf Rechtsprechung (insbesondere des BFH). Ferner finden sich auch begünstigende Regelungen in diesen Vorschriften und nicht zuletzt kann die Zuhilfenahme der Richtlinien/Hinweise beim Verständnis der Materie des Steuerrechts durchaus dienlich sein. Der Autor dieses Buches hält die Befassung mit diesen Verwaltungsvorschriften sogar für unerlässlich, um im späteren Umgang mit den Finanzbehörden u. a. vorauszusehen oder zu ahnen, wie die Verwaltungsentscheidung in einem Streitverfahren lauten wird. Vielfach kann der Mandant dann bereits von Beginn an auf ein finanzgerichtliches Verfahren eingestimmt werden.

I. Kaufmannseigenschaft/Handelsgewerbe

Da – wie nachfolgend eingehend dargestellt werden wird – Jahresabschlüsse im Rechtssinn nach dem HGB nur von Kaufleuten aufzustellen sind, soll hier zunächst ein kurzer Überblick über die Tatbestandsmerkmale der Kaufmannseigenschaften nach dem HGB geliefert werden.

Nachdem bis zur Reform des Handelsrechts durch das Handelsrechtsreformgesetz von 1998 u. a. der Betrieb eines damals durch das Gesetz bestimmten Grundhandelsgewerbes ausreichte, um als Kaufmann im Sinne des HGB a.F. zu gelten, ist es nunmehr in vielen Fällen nur durch Betrachtung der Umstände der einzelnen Unternehmungen möglich, eine Kaufmannseigenschaft i. S. d. § 1 HGB zu beurteilen. Dies führt bei Unterlassen einer Eintragung als „e. K." in das Handelsregister zu etwaigen Rechtsunsicherheiten für den Unternehmer insbesondere in Bezug auf die Anwendbarkeit der Vorschriften über Handelsgeschäfte.

Der Betrieb eines Handelsgewerbes ist Voraussetzung für die Kaufmannseigenschaft einer Person.

Gem. § 1 Abs. 2 HGB ist Handelsgewerbe „jeder Gewerbebetrieb, es sei denn, dass das Unternehmen nach Art oder Umfang einen in kaufmännischer Wese eingerichteten Geschäftsbetrieb nicht erfordert".

Somit reicht das Betreiben eines Handelsgewerbes i. S. d. § 1 Abs. 2 HGB aus um per Gesetz die Kaufmannseigenschaft zu besitzen. Auf eine Eintragung im Handelsregister kommt es nicht an. Erfolgt eine Eintragung, hat dies lediglich deklaratorische Bedeutung.

1. Gewerbebetrieb (nach zivil- und handelsrechtlichen Grundsätzen)

Unter Gewerbe wird nach der Rechtsprechung des BGH jede selbstständige, nach außen gerichtete und planmäßige, sowie berufsmäßige Aktivität mit Gewinnerzielungsabsicht (in Abgrenzung zur reinen Einnahmeerzielungsabsicht, die bei der Umsatzsteuer regelmäßig ausreicht) verstanden.[1]

Selbstständig in dem vorgenannten Sinne ist auch der u. U. wirtschaftlich Abhängige, entscheidend ist die rechtliche Selbständigkeit. Insbesondere deshalb sind sowohl das Handeln eines Handelsvertreters (in fremdem Namen) als auch die sozialversicherungsrechtliche Scheinselbstständigkeit zur Beurteilung der selbstständigen Tätigkeit in diesem Sinne unerheblich.

Die Tätigkeit muss sich grundsätzlich (zumindest auch) an Außenstehende richten, sich also als Tätigkeit am volkswirtschaftlichen Markt erweisen. Reine Selbstversorgung einer Person (z. B. Kauf von Holz zum Bau ausschließlich selbstgenutzter Möbel) kann aus diesem Grund nicht zu einem Gewerbebetrieb führen.

Auch die Tätigkeit einer Besitzgesellschaft im Rahmen der sog. Betriebsaufspaltung soll wegen Fehlens der Marktorientierung daher nicht als Gewerbebetrieb zu qualifizieren sein.[2] Von Betriebsaufspaltung wird regelmäßig gesprochen, wenn ein Unternehmen aufgeteilt wird in ein Besitzunternehmen (z. B. Besitz und/oder Eigentum an den Produktionshallen

---

[1] Vgl. u.a. BGH vom 10.05.1979 – VII ZR 97/78 – OLG Hamm vom 26.09.1991 – 15 W 127/91.
[2] BGH vom 19.02.1990 – II ZR 42/89.

und Maschinen) und ein Betriebsunternehmen (Durchführung der Produktion und des Vertriebs) bei gleichen oder ähnlichen Besitzverhältnissen an den jeweiligen Unternehmen. Das Besitzunternehmen verpachtet in der Regel wesentliche Betriebsgrundlagen an das Betriebsunternehmen und hat ansonsten wenig bis keine Funktion, weshalb eben größtenteils nicht von einem nach außen am Markt orientierten Verhalten gesprochen wird.

> **Hinweis** Für eine steuerliche Betriebsaufspaltung sind umfangreiche Voraussetzungen zu prüfen. Die simple, hier genannte Definition alleine reicht dazu nicht aus.
>
> Einen ersten Überblick über die Voraussetzungen und Rechtsfolgen einer steuerlichen Betriebsaufspaltung gibt u. a. H 15.7 (4) f. EStH.

Ferner muss eine auf Wiederholung angelegte Tätigkeit gegeben sein, sodass eine einmalige Handlung aus handelsrechtlicher Sicht nicht ausreicht.

Wichtig ist die Abgrenzung zu einer reinen vermögensverwaltenden Tätigkeit. Sofern nicht die Verwaltung des eigenen Vermögens (z. B. insbesondere Vermietung von Immobilien) einen großen Umfang annimmt oder sich aus anderen Gründen als sehr komplex darstellt, ist insoweit kein Gewerbebetrieb im handelsrechtlichen Sinne vorhanden.

Zu guter Letzt bedarf es nach derzeitigem Stand noch der Absicht, mit der ausgeübten Tätigkeit Gewinne zu erzielen. Ob diese Absicht auch erfolgreich ist, ist unerheblich. Die reine Absicht der Einnahmeerzielung reicht wohl noch nicht aus.

Die Ausübung von freien Berufen stellt per se keine Ausübung eines Gewerbebetriebs dar.

Die besondere Stellung der freien Berufe erklärt sich dabei nicht mit dem Fehlen einzelner hier genannter Tatbestandsmerkmale, sondern ist historisch bedingt. Ob die eingeräumte Sonderstellung sich weiterhin rechtfertigen lässt, ist insbesondere im Steuerrecht schon länger in der Diskussion.

Insbesondere im Steuerrecht kann die Auswirkung der Einordnung von Einkünften zu solchen aus freiberuflicher Tätigkeit (§ 18 EStG) große Auswirkungen haben. Dies einerseits aufgrund der dann fehlenden Gewerbesteuerpflicht, aber auch für die Frage der Buchführungspflicht nach § 141

Abs. 1 AO oder der Möglichkeit der Umsatzbesteuerung nach vereinnahmten Entgelten nach § 20 Satz 1 Nr. 3 UStG.

Sofern bei Personenzusammenschlüssen (GbR, Partnerschaftsgesellschaft) alle beteiligten Personen einen freien Beruf ausüben, ist auch insgesamt von einer freiberuflichen und damit die Gewerblichkeit ausschließenden Tätigkeit auszugehen. Steuerlich kommt daher für diese Zusammenschlüsse eine Buchführungspflicht/Pflicht zur Einreichung einer Bilanz nicht in Betracht. Die Vorlage einer Einnahmenüberschussrechnung grundsätzlich nach amtlich vorgeschriebenen Datensatz durch Datenfernübertragung (§ 60 Abs. 4 EStDV) und ggf. eines Verzeichnisses der Anlagegüter nach § 4 Abs. 3 Satz 5 EStG ist steuerrechtlich ausreichend.

Freie Berufe sind außerhalb des Steuerrechts nicht zusammenfassend kodifiziert, charakterisieren sich jedoch insbesondere durch eine Kammerzugehörigkeit und berufsrechtliche Regelungen (z. B. Architekten, Ärzte, Tierärzte).

2. Art und Umfang des Geschäftsbetriebs

§ 1 Abs. 2 HGB stellt bereits ob seiner Formulierung eine widerlegbare Vermutung auf, dass es sich bei dem Betrieb eines Gewerbebetriebs auch um den Betrieb eines Handelsgewerbes i. S. d. § 1 Abs. 1 HGB handelt und damit die Kaufmannseigenschaft gegeben ist.

Lediglich wenn keine Erforderlichkeit eines in kaufmännischer Weise eingerichteten Geschäftsbetriebs gegeben ist, fehlt es an der Kaufmannseigenschaft.

Zur Beurteilung dieser Erforderlichkeit gibt es zwar diverse Merkmale, die jedoch nicht zwangsweise alle oder mehrfach gleichzeitig vorliegen müssen.

Folgende Kriterien werden insbesondere zur Beurteilung der Art und des Umfangs herangezogen:

- Zahl der Beschäftigten,
- Umsatz,
- Anzahl der Betriebsstätten,
- Anzahl der Kunden,
- Anzahl der Lieferanten,
- Umfang von Warenlager,
- etc.

Siehe hierzu auch Hopt in Baumbach/Hopt (Hrsg.) Handelsgesetzbuch 40. Aufl. 2021 zu HGB § 1 Rn. 22ff.

So kann selbstverständlich mit nur einer Rechnung im Jahr ein Umsatz von mehreren Millionen Euro erzielt werden (z. B. Kunstgalerie), jedoch zugleich aufgrund nur eines Standorts und der Tätigkeit lediglich des Betreibers selbst der Gesamtumfang nur gering sein, sodass nicht zwingend von einer Kaufmannseigenschaft ausgegangen werden kann.[3]

Aufgrund der unterschiedlichen Gewichtung der Kriterien und der uneinheitlichen Ansichten von Gerichten besteht eine gewisse Rechtsunsicherheit, der bei natürlichen Personen nur mit der Eintragung als Einzelkaufmann im Handelsregister A aus dem Weg gegangen werden kann.

Zudem ist der Kaufmann im Sinne des HGB gem. § 29 HGB verpflichtet, die Eintragung im Handelsregister vornehmen zu lassen. Die Unterlassung ist mit Zwangsgeld bedroht nach § 14 HGB i. V. m. §§ 374, 388 ff. FamFG (Gesetz über das Verfahren in Familiensachen und in den Angelegenheiten der freiwilligen Gerichtsbarkeit).

3. Kaufmann kraft Rechtsform (Formkaufmann)

Auf die Handelsgesellschaften (oHG, KG sowie GmbH & Co. KG, GmbH, AG, SE, KGaA, EWIV) sind gem. § 6 Abs. 1 HGB die für die Kaufleute geltenden Vorschriften entsprechend anzuwenden. Hierdurch wird die Kaufmannseigenschaft der genannten Gesellschaften per Gesetz quasi

---

[3] Vgl. auch FG Sachsen v. 14.05.2014 –8 K 1833/11.

unterstellt, ohne dass es weiterer Beurteilungen der genannten Kriterien bedarf.

II. Definition des Jahresabschlusses

Die hier zunächst entscheidende und für die nachfolgenden Ausführungen zugrunde zu legende Definition befindet sich in § 242 Abs. 3 HGB:

„Die Bilanz und die Gewinn- und Verlustrechnung bilden den Jahresabschluss."

Auch wenn umgangssprachlich häufig von der Bilanz als Jahresabschluss gesprochen wird und auch in Teilen behauptet wird, ein Jahresabschluss beinhalte auch einen Anhang, ist dies höchstens umgangssprachlich korrekt. Das HGB versteht unter dem Jahresabschluss lediglich die beiden genannten Teile als handelsrechtlichen Jahresabschluss, nämlich Bilanz und Gewinn- und Verlustrechnung (s.o.).

Bei der Aufstellung eines Jahresabschlusses sind die für alle Kaufleute (hierzu Näheres unter B. III.) geltenden Vorschriften der §§ 242 bis 256a HGB zu beachten. Im Vergleich zum HGB kann man diese Paragraphen auch als „Allgemeinen Teil" der Vorschriften über Jahresabschlüsse bezeichnen. Sie umfassen einerseits die Ansatzvorschriften (siehe B. II.), also die Frage nach dem Ansatz von Vermögensgegenständen und Schulden dem Grunde nach (§§ 246 ff. HGB) sowie andererseits die Bewertungsvorschriften (siehe B. III.), also die Frage nach der Höhe des jeweiligen Ansatzes (§§ 252 ff. HGB).

Ausnahmeregelungen gibt es insbesondere durch den mit Wirkung vom 29. Mai 2009 eingeführten § 241a HGB, der Erleichterungen für „kleine" *Einzel*kaufleute mit sich brachte.

Ferner sind seit Inkrafttreten des am 29. November 2012 durch den Bundestag beschlossenen Kleinstkapitalgesellschaften-Bilanzierungsänderungsgesetzes (MicroBilG) bei Kleinstkapitalgesellschaften neben Besonderheiten bei Veröffentlichungen des Jahresabschlusses (s.u.) auch z. B. einige Bewertungsregelungen (vgl. § 253 Abs. 1 Satz 5 ff. HGB) zu beachten.

Bilanz (§ 242 Abs. 1 HGB)
Die Bilanz stellt einen das Verhältnis des Vermögens und der Schulden eines Kaufmanns darstellenden Beginn (Eröffnungsbilanz) oder Abschluss eines Geschäftsjahrs (Bilanz) dar. Diesen hat ein handelsrechtlicher Kaufmann *verpflichtend* zu Beginn seiner Tätigkeit und für den Schluss jeden Geschäftsjahrs nach § 242 Abs. 1 Satz 1 HGB aufzustellen.

Gewinn- und Verlustrechnung (GuV) (§ 242 Abs. 2 HGB)
Ebenso verpflichtet § 242 Abs. 2 HGB den Kaufmann zur Aufstellung einer GuV, die dort gesetzlich als „eine Gegenüberstellung der Aufwendungen und Erträge des Geschäftsjahrs" (§ 242 Abs. 2 HGB) definiert ist.

III. Sinn und Zweck des Jahresabschlusses

Durch die gesetzlich vorgegebenen Darstellungen und Gegenüberstellungen soll es dem Betrachter eines Jahresabschlusses ermöglicht werden, sich ein Bild über die Vermögens- und Ertragslage des Kaufmanns zu verschaffen. Bei – zumindest national – gleichen gesetzlichen Vorgaben wird hierdurch auch die Vergleichbarkeit von Kaufleuten ermöglicht. Dabei ist zu beachten, dass den Zahlen des Jahresabschlusses – aufgrund der zeitlichen Entfernung zu der Verwirklichung der dargestellten Vermögens- und Ertragszahlen – häufig nur noch ein abgeschwächter Aussagewert zugebilligt wird. Regelmäßig erfolgt die Aufstellung eines Jahresabschlusses innerhalb der ersten drei Monate nach dem Ende des betreffenden Geschäftsjahrs.

Es muss jedoch unterschieden werden, aus welchem Blickwinkel und mit welcher Zielsetzung die Betrachtung von Jahresabschlüssen erfolgt.

1. Interner Blickwinkel

Unter internem Blickwinkel soll hier die Sicht durch den Kaufmann oder die unternehmerisch (nicht nur rein kapitalistisch) beteiligten Personen verstanden werden.

Der Kaufmann erhält durch den Jahresabschluss eine geballte Zusammenfassung seines eigenen Vermögens (inklusive Schulden) und einen Überblick über die Leistung seines Unternehmens für einen bestimmten Zeitraum (das Geschäftsjahr). Insbesondere durch Analyse der einzelnen Zahlen und durch Vergleiche mit Konkurrenten der gleichen Branche kann dies bei der Einschätzung des eigenen Unternehmens hilfreich sein.

Dabei bedient sich der Kaufmann sowohl der durch Dienstleister angebotenen Branchenvergleichszahlen (so z. B. angeboten über Steuerberater und Rechtsanwälte durch die DATEV e.G.) als auch betriebswirtschaftlicher Bilanzkennzahlen (vgl. unten A.VI. „Bilanzkennzahlen/Jahresabschlussanalyse").

Letztendlich ist heutzutage aufgrund der Schnelllebigkeit auch im Bereich der Finanzbuchhaltung der Blick auf den Jahresabschluss nicht mehr als Instrument der direkten Unternehmenssteuerung zu sehen. Vielmehr kann eher eine Kontrolle von Planzahlen vorgenommen werden und etwaige Abweichungen können detailliert dargestellt werden. Für Eingriffe in das bereits weiterlaufende Geschäft bietet sich aufgrund der im Endeffekt veralteten Zahlen ein Jahresabschluss kaum noch an.

Hier haben – in Teilen tagaktuelle – Auswertungen aus der laufenden Finanzbuchhaltung (extern oder auch intern) schon lange zu Recht den Vorzug verdient.

2. Externer Blickwinkel

In Abgrenzung zu dem oben Gesagten ist unter dem externen Blickwinkel die Betrachtung aus der Sicht aller nicht unternehmerisch mit dem Kaufmann verbundenen Personen und Institutionen auf das Unternehmen zu verstehen.

Dabei kommt insbesondere Kapitalgebern und Geschäftspartnern (oder für solche tätige Dienstleister wie z. B. Firmen zur Bonitätsbeurteilung oder Warenkreditversicherer) eine große Bedeutung zu.

Kreditinstitute sind, in Abhängigkeit von dem Umfang des Kreditengagements, zum Teil nach den Vorschriften des Gesetzes über das Kreditwesen (KWG) verpflichtet, sich die wirtschaftlichen Verhältnisse „insbesondere durch Vorlage der Jahresabschlüsse" offenlegen zu lassen (vgl. § 18 KWG).

Zugleich verwenden Geldinstitute die Jahresabschlussdaten als einen Teil zur Erstellung des sog. Ratings. Darunter ist vereinfacht die Beurteilung der Bonität, mithin der Ausfallwahrscheinlichkeit bei Kreditrückzahlung, zu verstehen.

Ähnliches machen Dienstleister, die die Bonität von Unternehmen anhand der Jahresabschlusszahlen zu bestimmen versuchen und diese Ergebnisse am Markt verkaufen.

So erhält ein etwaiger Geschäftspartner vor Vertragsabschluss die Möglichkeit, die Ausfallwahrscheinlichkeit des zukünftigen Kunden oder Lieferanten zu beurteilen. Insbesondere für Warenkreditversicherer stellen solche Bonitätsbeurteilungen eine wichtige Grundlage für die Entscheidung über die Höhe der zuzubilligenden Versicherungssumme dar.

Und nicht zuletzt orientiert sich die Finanzverwaltung sowohl im Rahmen der Ertragsteuerfestsetzung als auch im Rahmen der Bewertung von Unternehmen und Unternehmensanteilen zunächst an den Jahresabschlusszahlen.

Aufgrund der in Teilen immer größer werdenden großen Abweichungen der handelsrechtlichen und steuerrechtlichen Vorschriften verliert allerdings der handelsrechtliche Jahresabschluss hier immer mehr an Bedeutung gegenüber der gesondert erstellten – aufgrund steuerlicher Sondervorschriften abweichenden – Steuerbilanz.

IV. Veröffentlichungspflichten

Zweck von gesetzlich geregelten Veröffentlichungspflichten ist es insbesondere, den externen Interessenten (s. o.) die Möglichkeit der Information zu verschaffen.

Dies gilt natürlich insbesondere auch für Kauf- und Investmentinteressenten. Aber auch die Wirtschaftsauskunfteien (wie z. B. Creditreform) greifen mangels anderer Informationen auf die Daten der Veröffentlichungen zu.

Zwar gibt es die Verpflichtung bestimmter Kaufleute zur Veröffentlichung ihres Jahresabschlusses schon geraume Zeit, jedoch wird das Unterlassen einer Offenlegung erst seit dem Jahr 2007 von Amts wegen verfolgt (§ 335 Abs. 1 Satz 1 HGB) und mit Sanktionen belegt.[4] Ausschlaggebend sind hierfür die Regelungen des am 1. Januar 2007 in Kraft getretenen „Gesetz[es] über elektronische Handelsregister und Genossenschaftsregister sowie das Unternehmensregister"[5] (EHUG). Mit dem am 27. Dezember 2012 bekannt gegebenen und damit in Kraft getretenen Kleinstkapitalgesellschaften-Bilanzierungsänderungsgesetz sind für in die entsprechenden Größenklassen fallenden Kapitalgesellschaften (weitere) Erleichterungen hinsichtlich der Veröffentlichungspflichten eingeführt worden.

Neben den sich aus dem HGB ergebenden Pflichten zur Veröffentlichung des Jahresabschlusses ergeben sich weitere mögliche Verpflichtungen auch aus dem Publizitätsgesetz.

1. Veröffentlichung dem Grunde nach

Die Veröffentlichungspflichten des HGB betreffen nach § 325 HGB zunächst alle Kapitalgesellschaften mit Sitz im Inland. Über § 264a HGB sind von der Pflicht zur Veröffentlichung ebenfalls diejenigen Personenhandelsgesellschaften betroffen, bei denen nicht wenigstens ein persönlich haftender Gesellschafter eine natürliche Person ist (KapCoGes). Dies dürfte die Mehrheit der GmbH & Co. KG sein.

Einzelunternehmer –auch sofern diese im Handelsregister eingetragen sind– und der Teil der Personenhandelsgesellschaften, die nicht die o. g. Voraussetzungen erfüllen (z. B. oHG) sind von einer Veröffentlichungspflicht nach diesen Vorschriften nicht betroffen.

Für bestimmte Einzelkaufleute und Personenhandelsgesellschaften bestehen jedoch insbesondere nach dem Publizitätsgesetz Veröffentlichungspflichten, wenn ihr Geschäftsbetrieb einen erheblichen Umfang übersteigt.

---

[4] Siehe *Schmidt,* in: DStR 2006, 2272.
[5] EHUG vom 10.11.2006, BGBl. 2006 I, 2553.

Das Publizitätsgesetz ist nach § 1 PublG anzuwenden, wenn für den Abschlussstichtag und für die darauffolgenden zwei Abschlussstichtage mindestens zwei der drei folgenden Merkmale gegeben sind:

- Bilanzsumme einer Jahresbilanz übersteigt € 65 Mio.,
- Umsatzerlöse übersteigen € 130 Mio.,
- durchschnittliche Beschäftigung von mehr als 5.000 Arbeitnehmern.

Nach § 325 Abs. 1a HGB ist der Jahresabschluss durch die gesetzlichen Vertreter unverzüglich nach Vorlage an die Gesellschafter, jedoch spätestens vor Ablauf eines Jahres des dem Abschlussstichtag nachfolgenden Geschäftsjahrs beim Betreiber des elektronischen Bundesanzeigers elektronisch einzureichen.

2. Umfang der Veröffentlichung/Erleichterungen

a) Allgemeines

Der verpflichtende Umfang der Veröffentlichung ist grundsätzlich insbesondere abhängig von der Einstufung des jeweiligen Unternehmens in eine bestimmte Größenklasse.

Dabei sind die Größenklassen des § 267 HGB ausschlaggebend. Dieser unterteilt Kapitalgesellschaften in:

- kleine Kapitalgesellschaften (Absatz 1),
- mittelgroße Kapitalgesellschaften (Absatz 2) und
- große Kapitalgesellschaften (Absatz 3).

b) Sonderfall der Kleinstkapitalgesellschaften (MicroBilG)

Für Kleinstkapitalgesellschaften im Sinne des am 27. Dezember 2012 neu in Kraft getretenen § 267a HGB fällt die Pflicht zur tatsächlichen Veröffentlichung grundsätzlich weg, sondern es reicht die Hinterlegung der Bilanz beim Betreiber des elektronischen Bundesanzeigers.

Die Regelungen des Kleinstkapitalgesellschaften-Bilanzierungsänderungsgesetzes gelten für alle kleinen Kapitalgesellschaften i. S. v. § 267 Abs. 1 HGB, die zusätzlich ebenfalls unter Anwendung von § 267 Abs. 1

HGB, an zwei aufeinanderfolgenden Abschlussstichtagen zwei der drei nachfolgenden Merkmale aufweisen:

- Umsatzerlöse bis € 700.000 in den letzten 12 Monaten vor Abschlussstichtag,
- Bilanzsumme bis € 350.000 sowie
- durchschnittlich zehn beschäftigte Arbeitnehmer.

Rechtsfolgen bei Einhaltung der o.g. Kriterien sind u. a.:

- Die betreffenden Kleinstkapitalgesellschaften und KapCoGes können auf die Erstellung eines Anhangs zur Bilanz vollständig verzichten, wenn sie bestimmte Angaben (u. a. zu Haftungsverhältnissen) in der Bilanz ausweisen.
- Die Gesellschaften können frei wählen, ob sie die Offenlegungspflicht durch Veröffentlichung oder durch Hinterlegung der Bilanz erfüllen. Zur Sicherung eines einheitlichen Verfahrens wird die elektronische Einreichung der Unterlagen beim Betreiber des Bundesanzeigers auch für die Hinterlegung vorgeschrieben.
- Geltung für alle Abschlussstichtage nach dem 30. Dezember 2012.
- Auf Nachfrage wird durch den Betreiber des elektronischen Bundesanzeigers gegen Gebühr eine Abschrift der hinterlegten Bilanz an Dritte versendet.

In Sonderfällen (z. B. Umwandlung oder Neugründung) gelten Sonderregelungen gem. § 267 Abs. 4 bis 4a HGB.

3. Technische Möglichkeiten der Veröffentlichung

Die Veröffentlichung hat nach § 325 Abs. 1 Satz 2 HGB durch elektronische Einreichung beim Betreiber des elektronischen Bundesanzeigers zu erfolgen.

Dabei besteht sowohl die Möglichkeit der Eingabe der Daten durch den Unternehmer/Kaufmann direkt auf der Homepage des Betreibers des elektronischen Bundesregisters (http://www.bundesanzeiger.de) als auch die der Veröffentlichung durch Einreichung vordefinierter Datensätze. Die führenden Anbieter von Buchhaltungssoftware bieten dabei regelmäßig die Umwandlung der im Buchhaltungssystem vorhandenen Jahresabschlussdaten in die korrekte Dateiform und deren Einreichung zur Veröffentlichung als Bestandteil der Jahresabschluss-Software an.

4. Sanktionen bei unterlassener Veröffentlichung

Gem. § 335 HGB ist von Amts wegen ein Ordnungsgeldverfahren einzuleiten, sofern der Pflicht zur Offenlegung nicht nachgekommen wird. Dabei ist das Ordnungsgeld zuvor anzudrohen. Die Kosten des Verfahrens der Androhung sind dabei durch die Beteiligten zu tragen. Bei Verletzung der Offenlegungspflichten tritt somit in jedem Fall eine Kostenfolge für das Androhungsverfahren ein. Grundsätzlich liegt der Ordnungsgeldrahmen nach § 335 Abs. 1 Satz 4 HGB zwischen € 2.500 und € 25.000.

V. Handelsrechtlicher Jahresabschluss

Bereits oben wurde dargestellt, dass der handelsrechtliche Jahresabschluss aus Bilanz und GuV besteht.

Einzelkaufleute, die von kaufmännischen Buchführungs- und Bilanzierungspflichten nach § 241a HGB befreit sind, haben folgerichtig keine Verpflichtung zur Aufstellung eines Jahresabschlusses im Sinne des HGB.

Bei diesen Unternehmen reichen die nach den Grundsätzen eines ordentlichen Kaufmanns erstellte Aufzeichnung der betrieblichen Einnahmen und Ausgaben sowie i. d. R. auch das Führen eines Anlageverzeichnisses zur Erfüllung der handelsrechtlichen Vorschriften aus.

Aufzeichnungspflichten nach anderen Vorschriften (insbesondere steuerrechtlichen Vorschriften) bleiben aber unberührt. Ferner kann durchaus auch die betriebswirtschaftliche Aussagekraft einer reinen Einnahmenüberschussrechnung ohne jedwede Berücksichtigung von Forderungen und Verbindlichkeiten, sowie Abgrenzungsbuchungen infrage gestellt werden.

1. Bilanz

Die Bilanz ist zunächst nichts anderes als die Gegenüberstellung von Vermögenswerten und Schulden eines Unternehmens.

Gesetzlich definiert § 242 Abs. 1 HGB die Bilanz als einen das Verhältnis des Vermögens und der Schulden darstellenden Abschluss (vgl. oben zur Definition des Jahresabschlusses).

Dabei werden die Vermögensposten als „AKTIVA" bezeichnet und die Schuldposten als „PASSIVA"

Der Unterschiedsbetrag zwischen Vermögen und Schulden ist zu sehen als ein reiner Ausgleichsposten, der als das (Eigen-)Kapital des Unternehmens zu bezeichnen ist. Dieser Bilanzposten „Kapital" oder – wenn negativ – auch bezeichnet als „nicht durch Eigenkapital gedeckter Fehlbetrag" findet sich in jeder Bilanz wieder. Synonym wird durchaus auch der Begriff des Betriebsvermögens genutzt, da das Kapital aufgrund seiner Stellung als Differenz zwischen Vermögen und Schuld den buchmäßigen Wert des Unternehmens widerspiegelt. Nachfolgend soll jedoch der Begriff „Kapital" einheitlich genutzt werden.

Beispiele

Bilanz eines (bilanziell) „gesunden" Unternehmens:

Bilanz auf den 31. Dezember 2001

Aktiva		Passiva	
Vermögensposten	100.000 €	Kapital	20.000 €
		Schuldposten	80.000 €
Bilanzsumme	100.000 €		100.000 €

Bilanz eines (bilanziell) überschuldeten Unternehmens:

Bilanz auf den 31. Dezember 2001

Aktiva		Passiva	
Vermögensposten	20.000 €	Schuldposten	100.000 €
Kapital	80.000 €		
Bilanzsumme	100.000 €		100.000 €

In den Bilanzposten finden sich gewissermaßen gesammelt die Posten der Buchhaltung wieder. Die einzelnen Positionen der Buchhaltungskonten werden zum Jahresende abgeschlossen und es ergibt sich ein Saldo des Buchhaltungskontos. Dieser Saldo wird im Rahmen von Jahresabschlussarbeiten begutachtet und ggf. durch Korrekturbuchungen (Bewertungen, Rückgängigmachung von Falschbuchungen, Zuordnung auf andere Konten, ...) geändert und findet sich letztendlich in der Bilanz des Unternehmens wieder.[6]

Bereits auf den ersten Blick kann somit durch Betrachtung des Bilanzpostens Eigenkapital erkannt werden, ob eine bilanzielle (!) Überschuldung eines Unternehmens vorliegt.

Steht das Kapital auf der Aktivseite der Bilanz, liegt eine bilanzielle Überschuldung des Unternehmens vor, da die Schulden (Passivseite) nicht durch vorhandenes Vermögen gedeckt werden.

Ein Automatismus im Sinne der zwangsläufigen Folge einer Insolvenzantragspflicht für dieses Unternehmen darf jedoch nicht gezogen werden. Hierzu sind die Besonderheiten des Insolvenzrechts zu beachten (Stichwort u. a. „positive Fortführungsprognose").

2. Vermögen des Kaufmanns

a) Vermögensgegenstände und Wirtschaftsgüter

Sowohl der Begriff des Vermögensgegenstands als auch der Begriff des „positiven" Wirtschaftsguts finden in Bezug auf das Vermögen eines Kaufmanns Anwendung. Im Steuerrecht wird der Begriff des Wirtschaftsgutes verwendet, wobei im Handelsrecht (z. B. § 253 HGB) regelmäßig von „Vermögensgegenständen" gesprochen wird.

Grundsätzlich ist von der inhaltsgleichen Bedeutung der beiden Begriffe auszugehen,[7] zumal beide gesetzlich nicht definiert sind, sondern durch Rechtsprechung, insbesondere des BFH, konkretisiert wurden.[8]

---

[6] Für die entsprechenden Einzelheiten zum Abschluss der Buchhaltungskonten wird verwiesen auf *Nießen,* System, Technik und rechtliche Grundlagen der doppelten Buchführung sowie *Nießen,* Steuerliche Gewinnermittlung aufgrund doppelter Buchführung (Fachanwalt Steuerrecht Kurseinheit/Band 1 und 2).

[7] Vgl. BFH vom 17.02.1998 – VIII R 28/95 – mit Einschränkung.

[8] Vgl. u.a. BFH vom 17.02.1998 – VIII R 28/95 – und BFH vom 04.12.1991 – I R 148/90.

Wirtschaftsgüter sind danach alle im wirtschaftlichen Verkehr nach der Verkehrsauffassung verkehrsfähigen, selbstständig bewertbaren Sachen, Rechte, Zustände, Möglichkeiten und sonstigen Vorteile, für die der Kaufmann Aufwendungen tätigt, damit sie dem Unternehmen des Kaufmanns dienen.

Nach dem BFH genügt für die Annahme eines aktvierungspflichtigen Wirtschaftsguts, „dass der von ihm verkörperte Vermögenswert zusammen mit dem Unternehmen übertragen werden kann".[9]

Unterschiede zwischen Vermögensgegenständen und Wirtschaftsgütern ergeben sich insbesondere bei der Frage des Umfangs der Bilanzierung von Grundstücken. Nach Zivilrecht stellt das aufstehende Firmengebäude einen wesentlichen Bestandteil des betreffenden Grund und Bodens dar (vgl. § 94 BGB). Zivilrechtlich liegt daher nur *ein* Vermögensgegenstand vor.

Handels- und steuerrechtlich wird diesem rein zivilrechtlichen Gedanken nicht gefolgt. Dies bereits deshalb, weil der Grund und Boden als nicht abnutzbar einzustufen ist, das Gebäude jedoch insbesondere bereits durch Alterung einer Abnutzung unterliegt und im Rahmen von Abschreibungen regelmäßig auch einer bilanziellen „Abwertung" unterliegt. Schon aus diesem Grund erfolgt bei jedem bebauten Grundstück eine Unterteilung in mindestens zwei Vermögensgegenstände/Wirtschaftsgüter.

Im Steuerrecht liegen bei unterschiedlicher selbstständiger Nutzung von Teilen des Grundstücks (z. B. Vermietung an Arbeitnehmer, eigenbetriebliche Nutzung, Vermietung an Fremdfirma, Vermietung zu Wohnzwecken) jeweils gesondert zu beurteilende Wirtschaftsgüter vor.

Die bilanzielle Behandlung von Grundstücken und Grundstücksteilen im Steuerrecht birgt Besonderheiten, die unten unter A. VII. 3. „Grundstücke und Grundstücksteile im Steuerrecht aus bilanzieller Sicht" gesondert dargestellt werden.

---

[9] BFH vom 17.02.1998 – VIII R 28/95 – m. w. N.

b) Zurechnung von Vermögensgegenständen und Wirtschaftsgütern

Handelsrechtlich hat per Gesetz der Kaufmann gem. § 242 Abs. 1 HGB „sein" Vermögen und „seine" Schulden darzustellen und nach § 240 Abs. 1 HGB „seine" Vermögensgegenstände in ein Inventar aufzunehmen. In die Bilanz eines Kaufmanns nach dem Handelsrecht gehören demnach also grundsätzlich nur Vermögensgegenstände, die in seinem (zivilrechtlichen) Eigentum stehen.

Im Rahmen der ertragsteuerlichen Gewinnermittlung bestimmt § 39 AO die Wesentlichkeit der Zurechnung von Wirtschaftsgütern zum Unternehmer (vgl. § 39 AO „wirtschaftliche Zurechnung")[10].

Diese im Steuerrecht normierte wirtschaftliche Betrachtungsweise wird jedoch auch nach den handelsrechtlichen Grundsätzen angewendet. Die Zuordnung von Vermögensgegenständen zu einem Unternehmen erfolgt daher insgesamt nicht nach der zivilrechtlichen Eigentümerstellung, sondern auch im Handelsrecht nach der Frage des wirtschaftlichen Eigentums an dem Vermögensgegenstand.[11]

Wirtschaftlich zum Vermögen eines Kaufmanns gehören Gegenstände mit Erlangung der Verfügungsmacht über diese, wobei die Verfügungsmacht (mittelbarer oder unmittelbarer) Besitz an diesen Sachen bedeutet. Nach Rechtsprechung des BFH[12] reicht der reine Übergang der Preisgefahr (z. B. bei Versendungskauf, § 446 BGB) noch nicht aus, um die Zugehörigkeit von Gegenständen (wie z. B. Waren) zum Vermögen des Kaufmanns zu begründen.

Zahlt der Kaufmann daher Ware im Voraus und wird die Ware über den Bilanzstichtag hinweg noch zu ihm befördert, so kommt in der Regel nicht die Bilanzierung der Ware als Vermögensgegenstand in Betracht. Vielmehr ist diese Zahlung als Anzahlung und somit quasi als auf die Verschaffung der Verfügungsmacht gerichtete Forderung des Kaufmanns in der Bilanz zu berücksichtigen.

---

[10] Vgl. BFH vom 26.01.1970 –IV R 144/66.
[11] Vgl. Schmidt/Ries, in: „Beck´scher Bilanzkommentar"§ 246 Rn. 5.
[12] BFH vom 03.08.1988 – I R 157/84.

Die steuerlichen Zuordnungsregelungen folgen zunächst dem Grundsatz des Zivilrechts, sodass grundsätzlich gilt:

Ist ein Unternehmer zivilrechtlicher Eigentümer (§ 903 BGB), wird das entsprechende Wirtschaftsgut diesem Unternehmer auch steuerlich zugerechnet (§ 39 Abs. 1 AO). Ausnahmen ergeben sich dann allerdings aus § 39 Abs. 2 Nr. 1, 2 AO. Die wohl häufigsten und offenkundigsten Ausnahmen der entsprechenden Zurechnung dürften sich im Bereich der Leasinggeschäfte[13] und im Bereich der Grundstückszurechnungen ergeben. Zwar kann prinzipiell bei Leasing davon ausgegangen werden, dass der Leasingnehmer nicht als wirtschaftlicher Eigentümer zu betrachten ist, jedoch gibt es auch hier wiederum Ausnahmen, die nicht nur die Gestaltung von Bilanzen ermöglichen, sondern auch die Beurteilung der Richtigkeit und der Zuordnung „dem Grunde nach" durchaus erschweren. Die Finanzverwaltung hat in Bezug auf die Zuordnung von beweglichen und unbeweglichen Leasinggegenständen mehrere „Leasingerlasse" herausgegeben[14].

Bei Grundstücken ist zudem regelmäßig nicht auf den Zeitpunkt der Eintragung ins Grundbuch als zivilrechtlichem Zeitpunkt des Eigentumswechsels abzustellen, sondern auf den wirtschaftlichen Übergang (regelmäßig als „Übergang von Nutzen und Lasten" beschrieben). Dies soll die wirtschaftliche Realität abbilden und die wirtschaftlich korrekte Darstellung auch unabhängig machen von der Geschwindigkeit der Grundbuchämter.

Vertiefende Ausführungen zum steuerlichen Betriebsvermögen und abweichender Bilanzierung von Wirtschaftsgütern im Steuerrecht siehe unten A. VII.

3. Bilanzierungsgrundsätze

§ 243 HGB gibt allgemeingültige Grundsätze für die Aufstellung eines Jahresabschlusses vor. Demnach sind insbesondere die Grundsätze der

---

[13] Zum ausschlaggebenden wirtschaftlichen Eigentum und Leasing vgl. BFH vom 26.01.1970 – IV R 144/66.
[14] Vgl. Insbesondere BMF vom 19.04.1971, BStBl. I 1971, 264; vom 21.03.1972, BStBl Teil I 1972, 188, die zudem regelmäßig aktualisiert/fortgeschrieben wurden.

ordnungsgemäßen Buchführung zu beachten, der Abschluss muss klar und übersichtlich sein (§ 243 Abs. 2 HGB) und innerhalb einer dem ordnungsmäßigen Geschäftsgang entsprechenden Zeit aufgestellt werden (§ 243 Abs. 3 HGB).

Nach § 244 HGB ist der Jahresabschluss in deutscher Sprache und in der Währung Euro aufzustellen. Dies verbietet nicht die laufende Verbuchung von Geschäftsvorfällen in fremder Währung oder anderer Sprache; § 244 HGB regelt dies nur in Bezug auf die Aufstellung des Jahresabschlusses!

Nach § 245 Satz 1 HGB ist der Jahresabschluss vom Kaufmann unter Angabe des Datums zu unterzeichnen. Sofern mehrere persönlich haftende Gesellschafter (z. B. oHG) vorhanden sind, haben sie gem. § 245 Satz 2 HGB alle den Jahresabschluss zu unterzeichnen.

Das Geschäftsjahr umfasst dabei gem. § 240 Abs. 2 Satz 2 HGB maximal zwölf Monate. Eine Unterschreitung kommt insbesondere durch Rumpfgeschäftsjahre bei Gründung oder bei Beendigung der Unternehmung in Betracht.

In der (erstmaligen) Festlegung des Geschäftsjahrs ist der Kaufmann nach Handelsrecht frei, ein willkürlicher Wechsel des Geschäftsjahrs allerdings ist nicht erlaubt. Zulässige Gründe für den Wechsel eines Geschäftsjahres können sich aber z. B. bei Einbeziehung von Unternehmen in einen Konzern ergeben, oder auch bei Wechsel des Geschäftszwecks und durch dann zu berücksichtigende branchenspezifische Besonderheiten.

Nachfolgende Grundsätze stellen die Leitprinzipien im Rahmen der (handelsrechtlichen) Bilanzierung dar:

a) Grundsätze der ordnungsgemäßen Buchführung (GoB)

Bereits § 238 HGB, der die Buchführungspflicht der Kaufleute im Sinne des HGB grundsätzlich statuiert, verlangt die Einhaltung der GoB, ohne dass sich wiederum eine Legaldefinition im HGB befindet. Allerdings führt § 238 Abs. 1 Satz 2, 3 HGB auch wesentliche Grundsätze aus, die sich auch aus dem Sinn und Zweck der Führung von Büchern für externe Zwecke ergeben und ableiten lassen:

– Die Buchführung muss so beschaffen sein, dass sie einem sachverständigen Dritten innerhalb angemessener Zeit einen Überblick über

die Geschäftsvorfälle und über die Lage des Unternehmens vermitteln kann (§ 238 Abs. 1 Satz 2 HGB).
- Die Geschäftsvorfälle müssen sich in ihrer Entstehung und Abwicklung verfolgen lassen (§ 238 Abs. 1 Satz 3 HGB).

Der/die auch im Rahmen der anwaltlichen Betreuung von (u. a.) Betriebsprüfungen eingesetzte Fachanwalt/Fachanwältin für Steuerrecht kommt überdies nicht umher, sich mit den durch BMF-Schreiben v. 14. November 2014 (Az. IV A 4 – S 0316/13/10003) erlassenen „Grundsätzen ordnungsmäßiger DV-unterstützter Buchführungssysteme (*GoBS*)" und nunmehr als „Grundsätze zur ordnungsmäßigen Führung und Aufbewahrung von Büchern, Aufzeichnungen und Unterlagen in elektronischer Form sowie zum Datenzugriff (*GoBD*)" bezeichnete Anweisungen zu beschäftigen. Diese umfangreichen, insbesondere die Buchhaltungspraxis betreffenden Regelungen sind dabei nicht nur für bilanzierungspflichtige Unternehmen, sondern auch für Einnahmeüberschussrechner nach Auffassung der Finanzverwaltung zu beachten.

Die hier getroffenen Neuregelungen sind ab 1. Januar 2015 zu beachten.

Am 28. November 2019 hat das BMF geänderte Grundsätze zur ordnungsgemäßen Führung und Aufbewahrung von Büchern, Aufzeichnungen und Unterlagen in elektronischer Form sowie zum Datenzugriff (*GoBD*) veröffentlicht, die ab dem 1. Januar 2020 an die Stelle des BMF-Schreibens vom 14. November 2014 traten und auf Besteuerungszeiträume anzuwenden sind, die nach dem 31. Dezember 2019 beginnen.[15]

b) Stichtagsprinzip

Nach dem Prinzip des Bilanzstichtags sind im Rahmen der Bilanzaufstellung einerseits nur die Geschäftsvorfälle zu berücksichtigen, die bis zu diesem Stichtag vorgefallen sind, und zum anderen, dass für die Bewertung einzelner Bilanzposten auf die Wertverhältnisse am Bilanzstichtag abzustellen ist.

---

[15] Zu den weiteren Einzelheiten der GoB wird hinsichtlich der laufenden Buchführung verwiesen auf *Nießen*, Steuerliche Gewinnermittlung aufgrund doppelter Buchführung (Fachanwalt Steuerrecht, Kurseinheit/Band 2).

c) Vollständigkeit

Das Gebot der Vollständigkeit der Bilanz ergibt sich aus § 246 Abs. 1 HGB. Der Kaufmann hat sein Vermögen und seine Schulden vollständig aufzuführen, d. h. in die Bilanz aufzunehmen.

Das Vollständigkeitsgebot des § 246 Abs. 1 Satz 1 HGB erhält durch den letzten Halbsatz „soweit nichts anderes bestimmt ist" bereits den Hinweis auf gewisse Ansatzwahlrechte und gesetzliche Ansatzverbote, die das Gebot durchbrechen.

Grundsatz ist jedoch, dass alles in der Bilanz zu erfassen ist, was dem Kaufmann und seinem Betriebsvermögen zuzuordnen ist.

Die Zuordnung von zu bilanzierenden Vermögensgegenständen richtet sich im Rahmen der Bilanzierung nicht rein nach den Prinzipien des zivilrechtlichen Eigentums, sondern nach dem wirtschaftlichen Eigentum an dem jeweiligen Vermögensgegenstand.[16]

Es ist jedoch der Regelfall, dass im Fall des zivilrechtlichen Eigentums auch das wirtschaftliche Eigentum gegeben ist.

Mit dem wirtschaftlichen Eigentum haben sich insbesondere die Finanzgerichte häufig und ausgiebig beschäftigt[17]. § 39 AO ist hier zunächst als Maßstab bei der Betrachtung der Frage nach der Bilanzierung heranzuziehen.

Demnach ist als wirtschaftlicher Eigentümer derjenige zu betrachten, der ohne Innehaben des zivilrechtlichen Eigentums die tatsächliche Sachherrschaft über eine Sache so ausübt, dass er den tatsächlich Berechtigten auf Dauer von der Einwirkung auf die Sache wirtschaftlich ausschließen kann. Dies ist insbesondere der Fall, wenn dem zivilrechtlichen Eigentümer kein oder ein wirtschaftlich nur bedeutungsloser Herausgabeanspruch zusteht.[18]

---

[16] Vgl. auch *Schmidt/Ries*, in: „Beck´scher Bilanz-Kommentar" § 246 Rn. 5.
[17] Vgl. BFH vom 26.01.1970 – IV R 144/66 u. BFH vom 22.04.2015 – X R 8/13 m.w.N.
[18] Vgl. BFH vom 18.07.2001 – X R 39/97 und BFH vom 20.10.2011 – IV R 35/08.

In folgenden Fällen fallen z. B. wirtschaftliches und zivilrechtliches Eigentum auseinander:

- Kauf unter Eigentumsvorbehalt,
- Sicherungsübereignungen,
- Hausbau auf fremdem Grund und Boden.

Fälle der Vermischung und Verbindung unter Untergang des Eigentums werden in der Darstellung der Bilanz ähnlich geregelt, haben aber einen anderen bilanziellen Hintergrund. Dabei wird vielmehr faktisch der entstehende zivilrechtliche Ersatzanspruch (§§ 946 ff. i. V. m. § 951 BGB) bilanziert, der in der Praxis dann in Höhe der Aufwendungen nach dem Prinzip der Anschaffungskosten berücksichtigt wird.

Das Vollständigkeitsgebot umfasst jedoch ausschließlich die Frage, ob ein Vermögensgegenstand überhaupt in der Bilanz zu berücksichtigen ist (Ansatz dem Grunde nach). Die Frage der Höhe des Bilanzansatzes ist eine Bewertungsfrage, die nicht vom Vollständigkeitsgebot umfasst wird.

d) Grundsatz der Bilanzkontinuität (Bilanzenzusammenhang/ Änderung der Bewertungsmethoden)

Dieser Grundsatz setzt sich zusammen aus den Prinzipien der Bilanzidentität und der Ansatz- und Bewertungsstetigkeit.

aa) Bilanzidentität

Nach § 252 Abs. 1 Nr. 1 HGB müssen die Wertansätze in der Eröffnungsbilanz des Geschäftsjahrs mit denen der Schlussbilanz des vorhergehenden Geschäftsjahrs übereinstimmen. Damit muss auch das Anfangskapital dem Endkapital des Vorjahrs entsprechen.

bb) Prinzip der Ansatz- und Bewertungsstetigkeit

Nach §§ 246 Abs. 3, 252 Nr. 6 HGB sind sowohl die Ansatzmethoden als auch die Bewertungsmethoden, die im vorhergehenden Jahresabschluss angewendet wurden, im Folgejahr (und damit grundsätzlich in den Folgejahren) beizubehalten. Dies ermöglicht u. a. die Vergleichbarkeit der unterschiedlichen Geschäftsjahre und verhindert die Verfälschung des Bilanzbildes von einem in das andere Jahr.

Eine Abweichung von diesen Grundsätzen ist nach § 252 Abs. 2 HGB nur in begründeten Ausnahmefällen zulässig und bedarf in der Regel der Erläuterung in den Anlagen zum Jahresabschluss.

e) Grundsatz der Vorsicht

Der Grundsatz der Vorsicht entstammt dem Grundgedanken für den externen Blick eines etwaigen Gläubigers des Kaufmannes.

Er beinhaltet sowohl das Prinzip der Berücksichtigung aller Verluste und vorhersehbaren Risiken (Imparitätsprinzip, § 252 Abs. 1 Nr. 4 Halbsatz 1 HGB) als auch das Prinzip des Verbots des Ausweises noch nicht realisierter Gewinne (Realisationsprinzip, § 252 Abs. 1 Nr. 4 Halbsatz 2 HGB) und das Niederstwertprinzip (Zwang zur Berücksichtigung des gegenüber den Anschaffungs-/Herstellungskosten niedrigeren Werts beim Umlaufvermögen, § 253 Abs. 4 HGB).

f) Prinzip der Unternehmensfortführung (going-concern)

Gem. § 252 Abs. 1 Nr. 2 HGB ist bei der Bewertung von Vermögensgegenständen und Schulden davon auszugehen, dass die Unternehmenstätigkeit fortgeführt wird, sofern dem nicht tatsächliche oder rechtliche Gegebenheiten entgegenstehen.

g) Zeitgerechte Abgrenzung/Zuordnung von Aufwand und Ertrag

Unabhängig vom Zahlungszeitpunkt sind Aufwendungen und Erträge gem. § 252 Abs. 1 Nr. 5 HGB im Jahresabschluss bereits zu berücksichtigen, sofern sie dem Zeitraum zugehörig sind (siehe auch „Rechnungsabgrenzungsposten").

Dies gehört zum Grundsatz der periodengerechten Gewinnermittlung und ermöglicht auch die betriebswirtschaftliche Kontrolle der Geschäftsjahre.

Für bestimmte Gesellschaftsformen sind ferner Gliederungen der Bilanz (und der GuV) nach dem HGB vorgeschrieben. Dies dient zusätzlich der Bilanzklarheit.

So ergibt sich für Kapitalgesellschaften grundsätzlich die Gliederung der Bilanz aus § 266 Abs. 2, 3 HGB.

> **Hinweis** Die Gliederungsvorschriften des § 266 Abs. 2, 3 HGB eignen sich sehr gut, um einen ersten Überblick über Art und Umfang von Bilanzen generell zu erhalten.

4. Bilanzierung dem Grunde nach (Ansatzvorschriften)

a) Allgemeines

Zunächst stellt sich die Frage nach dem „Ob" der Bilanzierung, ob also der Vermögensgegenstand überhaupt in die Bilanz aufzunehmen ist. Diese Frage des Ansatzes in der Bilanz wird durch die §§ 246 bis 251 HGB zunächst geregelt.

In der Bilanz sind nach § 247 HGB das Anlage- und Umlaufvermögen, das Eigenkapital, die Schulden sowie die Rechnungsabgrenzungsposten gesondert auszuweisen und hinreichend aufzugliedern.

b) Anlage- und Umlaufvermögen

Die Unterscheidung zwischen Anlagevermögen und Umlaufvermögen ergibt sich aus § 247 Abs. 2 HGB (direkt oder im Umkehrschluss anzuwenden).

Zum Anlagevermögen in der Bilanz gehören nur die Gegenstände, die dauerhaft dem Betrieb zu dienen bestimmt sind.

Der Unterschied ist also die beabsichtigte („bestimmt sind") Verbleibensdauer im Unternehmen.

Auch hier bedarf es grundsätzlich einer wirtschaftlichen (Mit-)Betrachtung. Kauft der Unternehmer große Mengen Ware mit der Absicht, sie u. U. erst innerhalb der nächsten zwei Jahre zu verkaufen, ist dies keine ausreichende Länge der Verweildauer, um von Anlagevermögen auszugehen. Umgekehrt bleibt auch bei einer tatsächlichen Nutzungsmöglichkeit einer Maschine von nur zwei Jahren diese Anlagevermögen, sofern nicht von Anfang an der (Wieder-)Verkauf der Maschine im Vordergrund gestanden hat.

Beispiele für typisches Anlagevermögen

- Produktionsmaschinen,
- Betriebsgebäude,
- Außenanlagen (z. B. Umzäunung des Betriebsgeländes),
- Mitarbeiterparkplätze,
- betriebliche Fahrzeuge,
- Beteiligungen (sofern kein Handel damit betrieben wird).

Umgekehrt gehören eben zum Umlaufvermögen die Vermögensgegenstände, die nicht dauerhaft dem Betrieb zu dienen bestimmt sind.

Typischerweise gehören zum Umlaufvermögen insbesondere:

- Warenbestand,
- Roh-, Hilfs- und Betriebsstoffe (Diesel, Heizöl, Schmiermittel, Kühlwasser, etc.),
- Forderungen,
- Geldbestände.

Als Hilfsmittel einer Zuordnung oder auch Kontrolle der Subsumtion von Sachverhalten bietet sich auch hier der „schnelle Blick" in § 266 Abs. 2, 3 HGB an.

c) Schulden

Als Schulden des Kaufmanns sind die „Verbindlichkeiten" gegenüber Dritten zu berücksichtigen. Dabei ist zwischen „tatsächlichen" Verbindlichkeiten und Rückstellungen zu unterscheiden. Steuerbilanziell handelt es sich hierbei um („negative") Wirtschaftsgüter.

aa) Verbindlichkeiten

Verbindlichkeiten stehen sowohl dem Grunde nach als auch der Höhe nach am Bilanzstichtag fest. Ob diese Verbindlichkeiten bereits fällig sind, ist an dieser Stelle unerheblich, jedenfalls sind sie dem Grunde nach entstanden.

So führt z. B. die aufgrund Kaufvertrags erfolgte Lieferung von Ware am 28. Dezember spätestens im Zeitpunkt der vollständigen und korrekten Warenlieferung zum Entstehen der Kaufpreisverbindlichkeit – dies, auch wenn die Rechnung erst am 3. Januar des Folgejahres erstellt und übermittelt wird und erst am 15. Januar fällig wird. Im Zeitpunkt der Bilanzerstellung am 31. Dezember war die Schuld dem Grunde und der Höhe nach gesichert.

bb) Rückstellungen (allgemein)

Rückstellungen sind Schulden, die dem Grunde und/oder der Höhe nach nicht sicher bestimmbar sind, bei denen aber grundsätzlich feststeht, dass eine Außenverpflichtung des Kaufmanns besteht.

Nach § 249 Abs. 1 Satz 1 HGB sind Rückstellungen zu bilden für ungewisse Verbindlichkeiten und drohende Verluste aus schwebenden Geschäften.

So steht am 31. Dezember regelmäßig für den Kaufmann fest, dass er für die Erstellung des Jahresabschlusses durch einen Steuerberater Schulden hat, die Höhe der Kosten wird aber erst durch Art und Umfang der zu beauftragenden Arbeiten festgelegt. Dies erfolgt regelmäßig erst im Folgejahr.

Ein Klassiker sind auch Rückstellungen für Gewährleistungen. Der Kaufmann, der regelmäßig aufgrund gesetzlicher Gewährleistungsvorschriften von seinen Kunden in Anspruch genommen wird, hat diese Inanspruchnahme dem Grunde nach bereits in seiner Bilanz zu berücksichtigen.

Ausführlicher zu Rückstellungen vgl. unter A.V.4.f) „Rückstellungen".

d) Rechnungsabgrenzungsposten (RAP)

Rechnungsabgrenzungsposten dienen der periodengerechten Zuordnung von Ausgaben und Einnahmen und finden sich sowohl auf der Aktivseite als aktive (aRAP) als auch auf der Passivseite als passive Rechnungsabgrenzungsposten (pRAP). Im weiteren Sinne sind auch Forderungen und Verbindlichkeiten als Rechnungsabgrenzung anzusehen.

Eine schematische Darstellung der Abgrenzungspositionen und deren Voraussetzungen befindet sich im *Anhang* dieses Buches.

aa) Aktive Rechnungsabgrenzungsposten (aRAP)

Nach § 250 Abs. 1 HGB sind Ausgaben vor dem Abschlussstichtag, soweit sie Aufwand für eine bestimmte Zeit nach diesem Tag darstellen, als aktive Rechnungsabgrenzungsposten darzustellen.

Die Darstellung als aktive Rechnungsabgrenzungsposten verhindert die Auswirkung auf den Gewinn des Abschlussjahrs. Aktive Rechnungsabgrenzungsposten werden regelmäßig insbesondere auch im Zusammenhang mit Versicherungen gebildet.

Beispiel Die Prämie für die Betriebshaftpflichtversicherung des Kaufmanns A. wird fällig zum 1. Oktober eines jeden Jahres. Der Versicherungszeitraum läuft jeweils vom 1. Oktober bis 30. September. A. zahlt am 1. Oktober 01 die Prämie für den Zeitraum 1. Oktober 01 bis 30. September 02 i. H. v. € 12.000 von seinem Bankkonto.

Er bucht in seiner Buchhaltung:

Versicherungen an Bank € 12.000
Gewinnauswirkung: - € 12.000

Die Prämie stellt jedoch für neun Monate einen Aufwand des Jahres 02 dar, sodass gem. § 250 Abs. 1 HGB in dieser Höhe ein aRAP zu bilden ist. Die Höhe ermittelt sich nach der anteiligen Monatszahl (9/12) und beträgt demgemäß € 9.000.

Die Korrektur der bislang vorgenommenen Buchung am 31. Dezember lautet daher:

aRAP an Versicherungen € 9.000
Gewinnauswirkung: + € 9.000

Hierdurch wurden für 01 nur die anteiligen Monate der Prämienzahlung als Aufwand berücksichtigt, nämlich € 3.000 (= 3/12).

In 02 löst der A. die aRAP i. H. v. € 9.000 wieder auf, um die Auswirkung der Aufwendungen im Jahr 02 richtig darzustellen:

Versicherungen an aRAP € 9.000
Gewinnauswirkung: - € 9.000

bb) Passive Rechnungsabgrenzungsposten (pRAP)

Nach § 250 Abs. 2 HGB sind Einnahmen vor dem Abschlussstichtag, soweit sie Ertrag für eine bestimmte Zeit nach diesem Tag darstellen, als passive Rechnungsabgrenzungsposten darzustellen.

Auch hier verhindert die Darstellung als Rechnungsabgrenzungsposten die Gewinnauswirkung der Einnahme im Abschlussjahr.

Beispiel Siehe oben, aber diesmal aus Sicht der bilanzierenden Versicherung:

Bei Zahlungseingang der Versicherungsprämie auf dem Bankkonto der Versicherung wird zunächst gebucht:

    Bank   an   Erlöse   € 12.000

Am Abschlussstichtag 31. Dezember hat die Korrekturbuchung dann wie folgt zu lauten:

    Erlöse   an   pRAP   € 9.000

Im Folgejahr erfolgt dann die anteilige Zuordnung der Erlöse in die richtige Periode durch die Buchung/Auflösung der pRAP:

    pRAP   an   Erlöse   € 9.000

cc) Agio/Disagio-Fälle, § 250 Abs. 3 HGB

Ist der Erfüllungsbetrag einer Verbindlichkeit höher als der Ausgabebetrag (Auszahlungsbetrag), so gibt § 250 Abs. 3 HGB das Wahlrecht, den Unterschiedsbetrag in den aktiven Rechnungsabgrenzungsposten aufzunehmen und für den Fall der Ausübung des Wahlrechts gem. § 250 Abs. 3 Satz 2 HGB verpflichtend über die Laufzeit der Verbindlichkeit planmäßig jährlich abzuschreiben.

Steuerlich *muss* der Kaufmann gem. § 5 Abs. 5 Nr. 1 EStG einen aktiven Rechnungsabgrenzungsposten ausweisen.[19]

Achtung Handelsrechtliches Aktivierungswahlrecht, aber steuerliche Aktivierungspflicht!

---

[19] Vgl. auch BFH vom 19.01.1978 – IV R 153/72.

Beispiel Kaufmann A. erhält am 1. Januar 01 von seiner Bank ein Darlehen i. H. v. € 10.000. Die Auszahlung des Darlehens erfolgt unter Abzug eines Disagios i. H. v. 6 % (= € 600). Laufzeit des Darlehens bis zum 31. Dezember 05.

Buchung bei Auszahlung am 1. Januar 2001:

    Bank   € 9.400
    und
    aRAP   € 600   an   Darlehensverbindlichkeit   € 10.000

Buchung am 31. Dezember 01:

    Zinsähnlicher Aufwand   an   aRAP   € 120

e) Bilanzierungsverbote

Explizite gesetzliche Verbote der Bilanzierung finden sich in § 248 HGB und betreffen das Ansatzverbot von bestimmten Aufwendungen (§ 248 Abs. 1 HGB) und bestimmten immateriellen Vermögensgegenständen (§ 248 Abs. 2 Satz 2 HGB). Zugleich gibt § 248 Abs. 2 HGB ein Wahlrecht für den Ansatz von bestimmten selbst geschaffenen immateriellen Vermögensgegenständen des Anlagevermögens.

Wird gegen ein Aktivierungsverbot verstoßen, führt dies zu einer Überbewertung des Unternehmens. Dies kann bei Kapitalgesellschaften (AG, KGaA, GmbH) im Fall einer relevanten, also nicht geringfügigen, Fehlbewertung des Unternehmens zur Nichtigkeit des gesamten Jahresabschlusses führen (§ 256 Abs. 5 AktG, für die GmbH analog).[20]

aa) Gründungsaufwand gem. § 248 Abs. 1 Nr. 1 HGB

Die Aktivierung von Aufwand für die Gründung eines Unternehmens ist unzulässig. Zu diesen Aufwendungen gehören alle Kosten, die aufgewendet werden, um das Unternehmen (zivilrechtlich) zur Existenz zu führen. Dies sind neben den Kosten für notarielle Beurkundungen, Genehmigungen und Beratung auch Reisekosten und Kosten der registerlichen Ein-

---

[20] Vgl. *Winkeljohann/Schellhorn*, in: „Beck´scher Bilanz-Kommentar" § 264 Rn. 56,57, sowie *Schmidt/Usinger* ebenda, § 248 Rn. 50 f.

tragung (nicht abschließende Aufzählung). Diese Aufwendungen kreieren/bilden keinen Vermögensgegenstand und sind daher stets als Aufwand zur verbuchen.

**bb) Kosten der Eigenkapitalbeschaffung gem.
§ 248 Abs. 1 Nr. 2 HGB**

Sofern es sich nicht bereits um nicht aktivierbare Gründungskosten nach § 248 Abs. 1 Nr. 1 HGB handelt, dürfen entsprechende Aufwendungen auch gem. § 248 Abs. 1 Nr. 2 HGB nicht aktiviert werden. Dabei kann es sich z. B. um Kosten und Gebühren im Zusammenhang mit Kreditaufnahmen zur Erhöhung des Eigenkapitals handeln oder auch um Kosten im Zusammenhang mit der Ausgabe von Anteilen an Unternehmen (z. B. Beratungskosten beim Börsengang).

**cc) Aufwand für Versicherungsabschlüsse gem.
§ 248 Abs. 1 Nr. 3 HGB**

Sowohl bei Versicherungsgesellschaften als auch bei sonstigen Unternehmen dürfen Aufwendungen zur Erlangung bzw. zum Abschluss von Versicherungsverträgen gem. § 248 Abs. 1 Nr. 3 HGB nicht aktiviert werden, sondern stellen Aufwand dar. Dies können neben typischen Provisionszahlungen z. B. auch Reise- und/oder Bewirtungskosten im Zusammenhang mit den Vertragsverhandlungen sein.

dd) Aktivierungswahlrecht immaterieller Vermögensgegenstände gem. § 248 Abs. 2 HGB

Für selbst geschaffene immaterielle Vermögensgegenstände des Anlagevermögens gibt § 248 Abs. 2 Satz 1 HGB grundsätzlich ein Wahlrecht zur Aktivierung. Für bestimmte dieser Vermögensgegenstände jedoch verbietet § 248 Abs. 2 Satz 2 HGB eine Aktivierung in der Bilanz, sodass es insoweit verpflichtend zu laufendem Aufwand und damit zu einer Gewinnminderung im Unternehmen kommen muss.

So dürfen selbst geschaffene Marken, Drucktitel, Verlagsrechte, Kundenlisten oder vergleichbare immaterielle Vermögensgegenstände des Anlagevermögens nicht als Aktivposten in der Bilanz aufgenommen werden.

Das Wahlrecht des § 248 Abs. 2 Satz 1 HGB existiert erst seit Änderung der bilanzrechtlichen Vorschriften durch das Bilanzrechtsmodernisierungsgesetz mit Wirkung vom 25. Mai 2009. Zuvor gab es ein vollständiges Verbot der Aktivierung von selbst geschaffenen immateriellen Vermögensgegenständen.

Achtung Steuerlich verbleibt es bei einem Aktivierungsverbot für selbst geschaffene immaterielle Wirtschaftsgüter (vgl. § 5 Abs. 2 EStG); Näheres zu steuerlichen Prinzipien unter A.VII.7. „Steuerliche Bewertungs- und Ansatzvorschriften".

f) Rückstellungen gem. § 249 HGB

Für ungewisse Verbindlichkeiten und drohende Verluste aus schwebenden Geschäften hat der Kaufmann verpflichtend gem. § 249 Abs. 1 Satz 1 HGB Rückstellungen zu bilden.

§ 249 Abs. 1 Satz 2 HGB erweitert den Kreis der Sachverhalte, aufgrund deren Rückstellungen zu bilden sind.

Außerhalb der in § 249 Abs. 1 HGB genannten Fälle ist eine Bildung von Rückstellungen unzulässig (quasi Bilanzierungsverbot), was durch § 249 Abs. 2 Satz 1 HGB ausdrücklich kodifiziert wird.

In Bezug auf die allgemeinen Rückstellungen nach § 249 Abs. 1 Satz 1 HGB vgl. auch oben unter A.V.4.c)bb).

aa) Rückstellungen für ungewisse Verbindlichkeiten und drohende Verluste aus schwebenden Geschäften (§ 249 Abs. 1 Satz 1)

Voraussetzung der Bildung :

- Inanspruchnahme aus einer mit hoher Wahrscheinlichkeit be- oder entstehenden Außenverpflichtung (Verpflichtung gegenüber Dritten in Abgrenzung zu einer Verpflichtung zu Aufwendung im Unternehmen wie Instandhaltung s.u.),
- Verpflichtung ist bereits verursacht,
- bestehende Wahrscheinlichkeit einer Inanspruchnahme,
- keine Aktivierungspflicht für die Aufwendungen,
- kein Passivierungsverbot.

Die sog. Drohverlustrückstellungen für Verluste aus schwebenden Geschäften werden überwiegend als reiner Unterfall der Rückstellungen für ungewisse Verbindlichkeiten angesehen. Die (gewinnmindernde) Berücksichtigung dieser Rückstellungen (Buchungssatz wäre „Aufwand an Rückstellungen für Drohverluste") dient gemäß einem der Hauptprinzipien der handelsrechtlichen Bilanzierung insbesondere auch dem Gläubigerschutz, da die Rückstellung etwaige sehr wahrscheinliche Verluste bereits vorwegnimmt[21] und somit sicherstellt, dass z. B. ein Unternehmenserwerber nicht überrascht wird durch noch zu tätigende Aufwendungen.

Es muss allerdings für drohende Verluste im Sinne der Vorschrift ein Verlust objektiv zu erwarten sein.[22] So ist im Zweifel bei der Beurteilung von laufenden Gerichtsverfahren zur Bewertung einer eventuellen Rückstellung der Rechtsrat bzw. die Einschätzung des betreuenden Rechtsanwalts in Bezug auf den zu erwartenden Ausgang des Verfahrens einzuholen. Da, wie bereits oben mit aufgelistet, nur bereits verursachte Verpflichtungen zu berücksichtigen sind, sind in Fällen der gerichtlichen Auseinandersetzung ausschließlich die voraussichtlichen Aufwendungen bis zur aktuell anhängigen Instanz zu berücksichtigen.

Wichtig ist, dass die Bilanzierung von Verbindlichkeiten oder die Berücksichtigung von Teilwertabschreibungen (z. B. auf nicht vollständig einbringbare Forderungen) Vorrang haben.

bb) Unterlassene Instandhaltungsaufwendungen/ Abraumbeseitigung (§ 249 Abs. 1 Satz 2 Nr. 1 HGB)

Im Gegensatz zu den vorgenannten Rückstellungen handelt es sich bei den durch Rückstellungen für unterlassene Instandhaltungsaufwendungen berücksichtigungsfähigen Aufwendungen nicht um Außenverpflichtungen gegenüber Dritten, sondern um „Verpflichtungen" des Kaufmanns seinem Geschäft gegenüber („Innenverpflichtungen"). Unter Instandhaltung sind „wiederkehrende Instandsetzungsmaßnahmen, Wartung und

---

[21] „Verlustantizipation" als Ziel auch der Drohverlustrückstellung, vgl. *Schubert*, in: Beck'scher Bilanz-Kommentar, § 249 Rn. 51.

[22] Vgl. BFH GrS vom 23.06.1997 – GrS 2/93 – und BFH vom 21.09.2011 – I R 50/10 – zu den Voraussetzungen der Rückstellungsbildung (insoweit in Teilen zu altem Recht).

Inspektion von Vermögensgegenständen des Anlagevermögens"[23] zu verstehen.

Die Rückstellungen sind gem. § 249 Abs. 1 Satz 2 Nr. 1 HGB zu bilden für „im Geschäftsjahr unterlassene Aufwendungen für Instandhaltung, die im folgenden Geschäftsjahr innerhalb von drei Monaten, oder für Abraumbeseitigung, die im folgenden Geschäftsjahr nachgeholt werden".

cc) Gewährleistung ohne rechtliche Verpflichtung (§ 249 Abs. 1 Satz 2 Nr. 2 HGB)

Sofern der Kaufmann Kulanzleistungen erbringt, zu denen er zwar rein rechtlich nicht verpflichtet ist, denen er sich aber faktisch (so z. B. aus sittlichen oder auch wirtschaftlichen Gründen) nicht entziehen kann, so hat er für diese Leistungen ebenfalls nach § 249 Abs. 1 Satz 2 Nr. 2 HGB Rückstellungen zu passivieren.

g) Latente Steuern (§ 274 HGB)

Unter latenten Steuern sind versteckte Steuerbelastungen oder auch Steuervorteile zu verstehen, die sich aus einem unterschiedlichen Wertansatz von Bilanzpositionen in der Handels- und der Steuerbilanz ergeben und die unterschiedliche Gewinne nach Steuerbilanz und Handelsbilanz zur Folge haben.

Sinn und Zweck der bilanziellen Berücksichtigung der aktiven oder passiven latenten Steuern ist eine periodengerecht richtige Darstellung des Gewinns und die möglichst korrekte Darstellung der Vermögenslage eines Unternehmens.

So können beispielsweise durch steuerliche Verlustvorträge eines Unternehmens hierin spätere Steuerbelastungen ganz wesentlich verringert werden. Insofern können sich regelmäßig aktive Steuerlatenzen ergeben (vgl. auch § 274 Abs. 1 Satz 4 HGB). Bei einem Verkauf von Teilen des Unternehmens könnte dies im Rahmen einer Kaufpreisermittlung zu berücksichtigen sein.

Aktive latente Steuern stellen dabei künftige Steuervorteile dar und passive latente Steuern künftige Steuerbelastungen.

---

[23] *Schubert,* in: Beck´scher Bilanz-Kommentar, § 249 Rn. 101.

Nach § 274 Abs. 1 Satz 1 HGB besteht ein Bilanzierungszwang für passive Steuerlatenzen für aktive Steuerlatenzen demgegenüber ein handelsrechtliches Wahlrecht zur Aktivierung.

Eine Verrechnung der Steuervor- und -nachteile ist der Regelfall, wobei § 274 Abs. 1 Satz 3 HGB den unverrechneten Ansatz ausdrücklich zulässt.

Zu beachten ist insbesondere das bei Kapitalgesellschaften bestehende Ausschüttungsverbot (Ausschüttungssperre) gem. § 268 Abs. 8 Satz 2 HGB in Bezug auf einen Überhang von aktiven latenten Steuern.

5. Bilanzierung der Höhe nach (Bewertungsvorschriften nach Handelsrecht)

Die Bewertung der in der Bilanz anzusetzenden Vermögensgegenstände erfolgt unter Berücksichtigung des § 252 HGB und der allgemeinen Bilanzierungs- und Bewertungsgrundsätze nach § 253 HGB.

Im Rahmen der Bewertung sind insbesondere auch die Begriffe

– „Anschaffungskosten" und
– „Herstellungskosten"

entscheidend.

Im Anschluss ist dann weitergehend zu betrachten welcher Vermögensgegenstand nach Handelsrecht nach welcher Methode zu bewerten ist, damit der Bilanzansatz auch der Höhe nach erfolgen kann.

Voraussetzung bleibt also zunächst, dass ein Bilanzansatz dem Grunde nach zu erfolgen hat.

§ 253 Abs. 1 Satz 1 HGB schreibt als Höchstgrenze des Wertansatzes von Vermögensgegenständen die Anschaffungs- oder Herstellungskosten, vermindert um etwaige Abschreibungen vor.

Höchstbetrag der Bewertung von Vermögensgegenständen gemäß § 253 Abs. 1 Satz 1 HGB:

Anschaffungs-/Herstellungskosten abzüglich Abschreibungen.

a) Anschaffungskosten

Anschaffungskosten sind i. S. d. § 255 HGB alle Ausgaben, die geleistet werden, um einen Vermögensgegenstand zu erwerben und ihn in einen betriebsbereiten Zustand zu versetzen, soweit sie dem Vermögensgegenstand einzeln zugeordnet werden können. Zu den Anschaffungskosten gehören gem. § 255 Abs. 1 Satz 2 HGB auch Nebenkosten und nachträgliche Anschaffungskosten.

Unter Ausgaben sind dabei Vermögensminderungen zu sehen, die sowohl in einem Abfluss von Zahlungsmittel (ggf. Tauschmittel bei Tauschgeschäften) zu sehen sind aber auch durch das reine Entstehen von Verbindlichkeiten berücksichtigungsfähig sind.

Die Ausgaben müssen final auf den Erwerb des Vermögensgegenstands gerichtet sein und sind zunächst unabhängig von der zeitlichen Entstehung zu beurteilen. Insbesondere sind auch nachträgliche Anschaffungskosten möglich. Der Erwerb des Vermögensgegenstands richtet sich wiederum nach dem Prinzip des wirtschaftlichen Eigentums.

So ist auch bei Erwerb unter Eigentumsvorbehalt der Erwerb bereits vor der Zahlung einer letzten Kaufpreisrate zu berücksichtigen.

Die Ausgaben müssen weiterhin unmittelbar dem Erwerbsvorgang zugeordnet werden können. Unmittelbar heißt insbesondere, dass betriebswirtschaftliche Gemeinkosten, die nur mittels eines Verteilungsschlüssels zugeordnet werden können, nicht zu den Anschaffungskosten gehören. Es sind somit nur Einzelkosten zuzuordnen.

Fallbeispiel Kaufmann K. schließt mit dem Maschinenbauer M. (beide Bilanzstichtag 31. Dezember) einen Kaufvertrag über eine Papierpresse zum dauerhaften Einsatz in seinem Unternehmen. M. behält sich das Eigentum an der Maschine bis zur Zahlung des gesamten Kaufpreises vor.

Die Maschine wird am 15. Dezember 01 geliefert und am 28. Dezember 01 durch die Monteure des M. in einen betriebsbereiten Zustand auf dem Gelände des K. versetzt (Anschlussarbeiten etc.). Erstmalig eingesetzt wird die Maschine nach den Betriebsferien des K. am 2. Januar 02. Der vereinbarte Kaufpreis i. H. v. € 100.000 wurde vereinbarungsgemäß in zwei Raten am 20. Dezember 01 und am 15. Januar 02 gezahlt.

Die mit Rechnung vom 2. Januar 02 gesondert in Rechnung gestellten Anschlussarbeiten mit einem Betrag von € 5.000 beglich K. am 31. Januar 02.

Wer hat die Maschine mit welchem Betrag in seiner Bilanz zu erfassen (ohne Berücksichtigung von Abschreibung)?

Lösung Die Papierpresse stellt einen bilanzierungsfähigen Vermögensgegenstand des Anlagevermögens i. S. d. § 247 Abs. 2 HGB dar.

Zivilrechtlicher Eigentümer der Maschine zum Bilanzstichtag ist M.

Die Bilanzierung hat nach dem Prinzip des wirtschaftlichen Eigentums bei K. zu erfolgen (§ 246 Abs. 1 Satz 2 Halbsatz 2 HGB „Ansatz dem Grunde nach").

Die Maschine ist gem. § 253 Abs. 1 Satz 1 HGB mit den Anschaffungskosten zu bewerten (keine AfA-Berücksichtigung lt. Aufgabenstellung).

Die Anschaffungskosten der Maschine betragen € 105.000 und setzen sich gem. § 255 Abs. 1 Satz 1 HGB zusammen aus dem Kaufpreis und den Ausgaben für die Inbetriebnahme der Maschine. Die Zahlungszeitpunkte sind für die Bewertung bzw. Festlegung der Anschaffungskosten der Maschine irrelevant. Ebenso irrelevant ist die erste tatsächliche betriebliche Nutzung, da die Maschine zum dauerhaften Verbleib bestimmt ist (vgl. § 247 Abs. 2 HGB).

Die Ausgaben zum Erwerb der Maschine sind bereits in dem Entstehen der jeweiligen Verbindlichkeiten zu sehen (= einzeln betrachtet Vermögensminderung).

Anschaffungsnebenkosten sind z. B. Ausgaben für den Transport, Maklerprovisionen, Gebühren für die TÜV Abnahme zur Erst(!)-Inbetriebnahme.

Nicht zu den Anschaffungskosten gehören Kosten für die Beschaffung des Kapitals – wie z. B. Damnum, Zinsen, Finanzmaklerprovision, Kosten der Eintragung einer Grundschuld – bei kreditfinanzierter Anschaffung. Der Vorgang der Finanzierung ist strikt zu trennen vom Vorgang der Anschaffung (für Herstellungskosten explizit in § 255 Abs. 3 Satz 1 HGB geregelt).

Diese Kosten sind regelmäßig sofortiger Aufwand oder in Sonderfällen über den Finanzierungszeitraum gleichmäßig zu verteilender Aufwand (vgl. Disagio-Fälle A.V.4.d)cc)).

Nachträgliche Anschaffungskosten sind Ausgaben, die zwar noch in einem funktionellen Zusammenhang mit der Anschaffung stehen, aber zeitlich nachgelagert entstehen.

Insbesondere bei Mehrzahlungen aufgrund von Rechtsstreitigkeiten oder Zahlungen von erst später festgesetzten öffentlichen Abgaben kommen solche nachträglichen Anschaffungskosten vor.

Besonderheiten im Steuerrecht ergeben sich bei gesetzlich geregelter Qualifizierung von allgemeinen Aufwendungen allein aufgrund der Höhe der Aufwendungen im Verhältnis zu den ursprünglichen Anschaffungskosten im Rahmen des § 6 Abs. 1 Nr. 1a EStG (vgl. A.VII.7.)

b) Herstellungskosten § 255 Abs. 2 HGB

Herstellungskosten i. S. d. § 255 Abs. 2 HGB sind „die Aufwendungen, die durch den Verbrauch von Gütern und die Inanspruchnahme von Diensten für die Herstellung eines Vermögensgegenstandes, seine Erweiterung oder für eine über seinen ursprünglichen Zustand hinausgehende wesentliche Verbesserung entstehen". Der einleitende Satz des § 255 Abs. 2 HGB fasst damit den Begriff der Aufwendungen zur Herstellung eines Vermögensgegenstands weit. Die folgenden Sätze des Absatzes ermöglichen die genauere Eingrenzung der zu berücksichtigenden Kostenarten.

Sofern ein Vermögensgegenstand vom Kaufmann hergestellt wird, fallen diverse Kosten im Unternehmen an, die jedoch unterteilt werden müssen in drei Bereiche, nämlich

- aktivierungspflichtige Kosten,
- aktivierbare Kosten und
- Kosten, die insoweit einem Aktivierungsverbot unterliegen.

aa) Aktivierungspflichtige Herstellungskosten
(§ 255 Abs. 2 Satz 2 HGB)

Dabei handelt es sich um die sog. Einzelkosten des Herstellungsprozesses, somit um die Kosten, die in direkter Weise dem hergestellten Produkt zugeordnet werden können. Dies sind Materialkosten (z. B. Metall zur Produktion von Pkw-Chassis), Fertigungskosten (z. B. direkt zuzuordnende Personalkosten des Arbeiters) und Sonderkosten der Fertigung (z. B. Laborkosten zur Prüfung eines bestimmten Produkts).

Ebenfalls sind einzubeziehen „angemessene" Teile von Material- und Fertigungsgemeinkosten sowie bestimmte durch den Fertigungsprozess bedingte planmäßige Abschreibungen.

Damit legt § 255 Abs. 2 Satz 1 HGB die handelsrechtlich *mindestens* in die Berechnung der Herstellungskosten einzubeziehenden Kosten fest.

bb) Aktivierbare Kosten (§ 255 Abs. 2 Satz 3 HGB)

In die Berechnung der Herstellungskosten dürfen dem Grunde nach einbezogen werden „angemessene" Teile der Kosten der allgemeinen Verwaltung sowie angemessene Aufwendungen für soziale Einrichtungen des Betriebs, für freiwillige soziale Leistungen und für die betriebliche Altersversorgung.

cc) Aktivierungsverbot/keine Herstellungskosten (§ 255 Abs. 2 Satz 4 HGB)

Satz 4 des § 255 Abs. 2 HGB verbietet ausdrücklich die Einbeziehung von Forschungs- und Vertriebskosten in die Ermittlung der Herstellungskosten eines Vermögensgegenstands.

c) Abschreibung (Absetzung für Abnutzung, kurz AfA) von Vermögensgegenständen

Im Rahmen der Bewertung von Vermögensgegenständen erfolgt nach § 253 Abs. 1 Satz 1 HGB auch die Prüfung einer Abschreibung.

Vereinfacht gesagt stellt Abschreibung generell den Wertverzehr eines Vermögensgegenstands dar. Es werden die Anschaffungs- und Herstellungskosten (AHK) über die voraussichtliche Nutzungsdauer verteilt. Dieser Verlauf der Abschreibung kann (ggf. pauschal) regelmäßig verlaufen (z. B. bei Nutzungsdauer von fünf Jahren mit 20 % pro Jahr), jedoch auch anlassbezogen (z. B. Zerstörung einer Maschine durch Vandalismus).

Es bleibt dem Kaufmann daher, abgesehen von willkürlicher Verfahrensweise, grundsätzlich auch freigestellt, wonach er den Wertverzehr des Vermögensgegenstands für das Unternehmen bemisst.

Beim Abgang eines Vermögensgegenstands, dem Ausscheiden aus dem Unternehmen, ist die AfA zeitanteilig (pro rata temporis) vorzunehmen, ebenso bei Zugang im Laufe des Jahres, sofern die AfA nach Zeiteinheiten bemessen wird.

Um eine Einheitlichkeit bei der Bemessung von betriebsgewöhnlichen Nutzungsdauern herzustellen, hat die Finanzverwaltung eine AfA-Tabelle für die allgemein verwendbaren Anlagegüter aufgestellt.[24] Dort sind die unterschiedlichen Anlagegüter mit Angabe der jeweiligen typisierten Nutzungsdauer aufgeführt.

Diese Tabelle kann regelmäßig – sofern im Einzelfall nicht unplausibel – auch im Rahmen der handelsrechtlichen Ermittlung der Abnutzungsbeträge anerkannt und zugrunde gelegt werden.

Nachfolgend sollen die wohl häufigsten handelsrechtlichen Abschreibungsmethoden kurz vorgestellt werden:

aa) Lineare Abschreibung

Die lineare AfA verteilt die AHK in gleichmäßigen Raten pro Jahr auf die Restnutzungsdauer des Vermögensgegenstands. Die AfA ist damit gleichbleibend pro Jahr, pro Monat, pro Woche, pro Tag. Hiermit wird also die gleich verlaufende Abnutzung und Entwertung des Vermögensgegenstands unterstellt, ohne eine etwaige überholende technische Entwicklung von z. B. neuen Maschinen zu berücksichtigen.

bb) Degressive Abschreibung (Restwert-AfA)

Die degressive Restwert-AfA stellt die wohl häufigste Art der degressiven AfA dar und ist eine Abschreibung in fallenden Jahresbeträgen. So betrachtet wird bei dieser Methode somit davon ausgegangen, dass der Wertverzehr/die Abnutzung in den ersten Jahren höher ist als in den folgenden Jahren. Regelmäßig erfolgt dies durch Festlegung eines bestimmten Prozentsatzes zu Beginn der Abschreibung. Dieser wird im ersten Jahr auf die AHK angewendet und der AfA-Betrag ermittelt. In den Folgejahren ist die Bemessungsgrundlage zur Berechnung des AfA-Betrags jeweils der Restbuchwert des Vorjahrs.

Insbesondere bei Neufahrzeugen dürfte sich der tatsächliche Wertverzehr oder „Schwund" in der AfA-Methode sehr realistisch widerspiegeln.

---

[24] BMF-Schreiben vom 15.12.2000 – S 1551 – in: BStBl. I 2000, 1532 i.V.m. BMF-Schreiben vom 06.12.2001 – S 1551 – in: BStBl. I 2001, 860.

Beispiel AHK € 100.000   AfA-Prozentsatz: 8 %

01.01.01 Anschaffung	100.000,00 €
AfA 01	- 8.000,00 €
31.12.01 Buchwert/Restwert	92.000,00 €
AfA 02 (8 % vom Restwert 01)	- 7.360,00 €
31.12.02 Buchwert/Restwert	84.640,00 €
AfA 03 (8 % vom Restwert 02)	6.771,20 €
31.12.03 Buchwert/Restwert	77.868,80 €

Da bei Fortführung dieser Berechnung immer ein Restwert verbleiben würde, ist auch eine tatsächliche Nutzungsdauer vorab festzulegen. Zum Ende dieser Nutzungsdauer erfolgt dann auch die vollständige Abschreibung des Restwerts.

In der Praxis hat sich eingebürgert die AfA-Methode von degressiver AfA zu linearer AfA zu wechseln, wenn die lineare AfA höher ist als die degressive AfA. Dieser Wechsel ist grundsätzlich auch steuerlich möglich (§ 7 Abs. 3 Satz 1 EStG).

Relevanz gewinnt diese Vorschrift ab dem Wirtschaftsjahr 2020. Bewegliche Wirtschaftsgüter des Anlagevermögens, die nach dem 31. Dezember 2019 und vor dem 1. Januar 2022 angeschafft oder hergestellt werden, können degressiv angeschrieben werden (§ 7 Abs. 2 EStG).

Darüber hinaus haben entsprechende Wechsel nur noch für Altfälle Relevanz. Eine degressive Abschreibung war nach § 7 Abs. 2 Satz 1 EStG a. F. nur möglich für bewegliche Wirtschaftsgüter des Anlagevermögens, die vor dem 1. Januar 2011 angeschafft wurden.

cc) Leistungsabschreibung

Die Leistungs-AfA erfordert die Erfassung bestimmter Einheiten, die dem Wertverzehr gegenübergestellt werden.

So kann z. B. für eine Maschine eine Gesamtnutzungsdauer nicht in Jahren, sondern in Betriebsstunden festgelegt werden. Je nach Anzahl der Betriebsstunden in den jeweiligen Jahren erfolgt dann eine entsprechende Abschreibung.

Diese Methode der Abschreibung kann kaufmännisch insbesondere sinnvoll sein bei Maschinen (s.o.), Fahrzeugen oder auch Druckern/Kopierern (Seitenzahlen nach Herstellerangaben).

dd) Zulässigkeit/Übernahme steuerrechtlicher Besonderheiten

Bereits an dieser Stelle wird darauf hingewiesen, dass die Regelungen des Steuerrechts zu der sofortigen Abschreibung sog. geringwertiger Wirtschaftsgüter i. S. d. § 6 Abs. 2 EStG auch handelsrechtlich anerkannt sind.

Auch die Bildung sog. Sammelposten für Wirtschaftsgüter/Vermögensgegenstände mit einem Wert von mehr als € 250 bis € 1.000 und deren Abschreibung über fünf Jahre gem. § 6 Abs. 2a) EStG wird mittlerweile wohl überwiegend handelsrechtlich anerkannt, sofern dieser Sammelposten nicht bedeutend für die Darstellung der Vermögenslage des Unternehmens ist und bei Nutzung des Sammelpostens die Vermögenslage eben nicht erheblich verfälscht wird.[25]

Näheres zu den steuerrechtlichen Besonderheiten findet sich in diesem Buch unter A.VII.5.h) und i).

d) Bewertung von Vermögensgegenständen des Anlagevermögens (§ 253 Abs. 3 HGB)

Sofern die Nutzung von Vermögensgegenständen des Anlagevermögens zeitlich begrenzt ist, erfolgt die Bewertung anhand der AHK vermindert um planmäßige Abschreibungen.

Es muss sich somit zunächst die zeitlich nur begrenzt mögliche Nutzung des Vermögensgegenstands ergeben. Dies kann sich aus dem Verbrauch des Vermögensgegenstands durch tatsächliche(n) Abnutzung/Verschleiß (wie bei einem genutzten Autoreifen) ergeben oder auch durch rechtliche Umstände (z. B. Nutzung bestimmter Sicherheitseinrichtungen gesetzlich nur für eine bestimmte Zeitdauer zulässig, unabhängig von dem tatsächlichen Zustand des Vermögensgegenstands). Unerheblich ist zunächst die nur begrenzt durch den Kaufmann beabsichtigte Nutzung.

---

[25] Siehe hierzu auch *Schubert/Andrejewski*, in Beck´scher Bilanzkommentar, § 253 Rn. 275.

Die Abschreibung hat planmäßig zu erfolgen, d. h., sie muss bei Anschaffung, jedoch spätestens bei Vornahme der ersten Abschreibung, bereits für den Zeitraum der betriebsgewöhnlichen Nutzungsdauer „geplant"/festgelegt werden. Nur in begründeten Ausnahmefällen kann von diesem Plan abgewichen werden.

Die Abschreibung ist erst dann vorzunehmen, wenn der Vermögensgegenstand auch seiner Bestimmung gemäß genutzt werden kann. Erst dann ist er entweder angeschafft oder fertiggestellt in dem hier entscheidenden Sinn. Es kommt daher insbesondere nicht auf den Beginn der tatsächlichen Nutzung des Vermögensgegenstands für die unternehmerischen Zwecke an. Auch die reine Anlieferung der gesammelten Maschinenteile ohne Montage kann noch nicht zu einer Anschaffung in diesem Sinne führen. Anschaffung im Rechtssinne setzt daher die *Möglichkeit* der Ingebrauchnahme voraus.

Der Zeitpunkt der tatsächlichen erstmaligen Verwendung des Vermögensgegenstands für das Unternehmen ist insofern unerheblich.

Sollte es zum Kauf/zur Bestellung einer Maschine zum Ende eines Wirtschaftsjahrs kommen, so ist der voraussichtliche Kaufpreis Verbindlichkeit. Das aktivische Gegenkonto ist dann regelmäßig ein Forderungskonto. Wurde bereits eine Anzahlung geleistet, ist das Konto „Geleistete Anzahlungen" zu buchen.

aa) Voraussichtlich dauernde Wertminderung (§ 253 Abs. 3 Satz 5 HGB)

Ohne Rücksicht auf die zeitliche Begrenzung der Nutzung müssen bei voraussichtlich dauernder Wertminderung von Vermögensgegenständen des Anlagevermögens außerplanmäßige Abschreibungen vorgenommen werden. Es erfolgt daher, in der Regel bei den Jahresabschlussarbeiten, die Einzelbewertung des Vermögensgegenstands nach dem Niederstwertprinzip.

Dabei erfolgt zunächst die planmäßige AfA, und der dann vorliegende Buchwert ist mit dem Zeitwert zu vergleichen („niedrigerer beizulegender Wert"). Insofern schreibt das HGB keine Wertermittlungsmethode vor. Regelmäßig wird der Vergleich zu Anlagegütern gleicher Art und Güte erfolgen oder – sofern vorhanden – ein Börsen- oder Marktpreis als Vergleichsmaßstab genutzt. Stellt sich der Buchwert des Vermögensgegenstands nun als höherer Wert dar, erfolgt die Prüfung der zeitlichen Komponente, der „dauernden" Wertminderung.

Auch insoweit schreibt das HGB keinen exakten Zeitraum vor. Festzuhalten ist jedoch, dass es nicht um eine Wertminderung für alle Zeit gehen muss.

Von einer dauernden Wertminderung für Vermögensgegenstände, die der planmäßigen Abschreibung unterliegen ist auszugehen, wenn der Stichtagswert den Wert, der sich aus planmäßigen Abschreibungen ergibt, während eines erheblichen Teils der Restnutzungsdauer oder den nächsten fünf Jahren nicht erreichen wird.[26]

bb) Sonderfall Finanzanlagen (§ 253 Abs. 3 Satz 6 HGB)

Auch Finanzanlagen (Beteiligungen an Unternehmen, Aktien, ...) können Vermögensgegenstände des Anlagevermögens sein. Insofern gewährt § 253 Abs. 3 Satz 6 HGB ein Wahlrecht, diese auch bei voraussichtlich nicht dauernder Wertminderung abzuschreiben oder den Buchwert beizubehalten („gemildertes" Niederstwertprinzip).

e) Bewertung von Vermögensgegenständen des Umlaufvermögens (§ 253 Abs. 4 HGB)

Umlaufvermögen wird zunächst ausweislich § 253 Abs. 1 Satz 1 HGB höchstens mit seinen AHK bewertet.

Nach § 253 Abs. 4 Satz 1 HGB *sind* allerdings Abschreibungen der betreffenden Werte vorzunehmen, wenn die Bewertung des Umlaufvermögens ergibt, dass der Markt- oder Börsenpreis am Abschlussstichtag geringer ist.

Fehlt ein entsprechender Börsen- oder Marktpreis, so ist gem. § 253 Abs. 4 Satz 2 HGB auf den niedrigeren „beizulegenden" Wert abzuschreiben.

Insoweit gilt das sogenannte „strenge" Niederstwertprinzip im Handelsrecht.

---

[26] Vgl. *Schubert/Andrejewski*, in: Beck'scher Bilanzkommentar, § 253 Rn. 317.

Sollte der Wert zum folgenden Bewertungsstichtag steigen, so ist wieder hinzuzuschreiben, da nach § 253 Abs. 5 Satz 1 HGB bei Wegfall der Gründe für eine Abschreibung der Werte der niedrigere Wert nicht beibehalten werden darf.

Auch bei umfangreichen Warenlagern erfolgt die Bewertung der einzelnen Gegenstände grundsätzlich nach dem Prinzip der Einzelbewertung (§ 252 Abs. 1 Nr. 3 HGB). Daneben gibt es auch zulässige Methoden der Wertermittlung nach der Durchschnittsbewertung (§ 240 Abs. 4 HGB), der Festbewertung (§ 240 Abs. 3 HGB) von Roh-, Hilfs- und Betriebsstoffen oder der Gruppenbewertung (§ 240 Abs. 4 HGB).

Die Wertermittlung eines beizulegenden Werts (§ 253 Abs. 4 Satz 2 HGB) bei Erzeugnissen, Leistungen und Waren erfolgt nach dem Grundsatz der verlustfreien Bewertung. Demnach soll bei einem Verkauf der Vermögensgegenstände nach dem Abschlussstichtag grundsätzlich kein Verlust mehr entstehen, sodass dem Grunde nach auf den voraussichtlichen Wert des Gegenstands beim Verkauf abzuschreiben ist. Dieser Verkaufswert ist also zu ermitteln indem der voraussichtliche Verkaufserlös um noch anfallende Kosten (z. B. Verpackungskosten, Vertriebskosten) gekürzt wird. *Sofern dieser Betrag geringer ist als der Betrag der Anschaffungskosten*, stellt er den beizulegenden Wert dar, der in die Bilanzierung einzufließen hat.

Zusammenfassend ist zunächst zu prüfen, ob ein Börsen- oder Marktpreis vorliegt. Ist dieser gegeben und niedriger als der bisherige Bewertungsansatz, so ist auf den niedrigeren Wert abzuschreiben.

Fehlt ein Börsen- oder Marktpreis, ist der beizulegende Wert zu ermitteln und zu prüfen, ob dieser niedriger und deshalb anzusetzen ist.

f) Bewertung von Verbindlichkeiten

Verbindlichkeiten sind gem. § 253 Abs. 1 Satz 2 HGB mit ihrem Erfüllungsbetrag anzusetzen. Dies ist der Betrag, der erforderlich ist, um das rechtliche Schuldverhältnis zu beenden, also den bestehenden Anspruch zu erfüllen. Es ist somit nicht der Auszahlungsbetrag, sondern der (Rest)Rückzahlungsbetrag zu bilanzieren.

Unterschiede ergeben sich insbesondere bei einem bei Darlehenstilgung u. U. zu zahlenden Agio (Aufgeld). Im Rahmen der Bilanzierung der vollständigen Verbindlichkeit besteht ein Wahlrecht, dieses Aufgeld auf der Aktivseite gem. § 250 Abs. 3 HGB auszuweisen. Dieser aktive Rechnungsabgrenzungsposten wird planmäßig über die Laufzeit des Darlehens abgeschrieben (s.o. A.V.4.d. „Rechnungsabgrenzungsposten" zu Disagio).

Beispiel Kreditvertrag über € 10.000, bei Darlehenstilgung ist ein Agio i. H. v. € 600 zu zahlen (= Rückzahlungsbetrag über dem Ausgabebetrag).

Auszahlung des Bankdarlehens:

Bank   € 10.000

aRAP   € 600   an   Darlehen   € 10.600

g) Bewertung von Rückstellungen

Gem. § 253 Abs. 1 Satz 2 HGB sind Rückstellungen in Höhe des nach kaufmännischer Beurteilung notwendigen Erfüllungsbetrags zu bewerten.

Dies bedeutet, dass eine kaufmännisch nachvollziehbare Prognose der zukünftigen Aufwendungen zu erfolgen hat, die dann der Bewertung zugrunde gelegt wird.

Nach § 253 Abs. 2 HGB müssen seit Einführung des Bilanzrechtsmodernisierungsgesetzes am 25. Mai 2009 Rückstellungen mit einer Laufzeit von mehr als einem Jahr (bezogen auf die Restlaufzeit am Abschlussstichtag) abgezinst werden. Der entsprechende Abzinsungssatz wird von der Deutschen Bundesbank ermittelt und bekannt gegeben (§ 253 Abs. 2 Satz 4 f. HGB).

Handelt es sich bei den Rückstellungen beispielsweise um Rückstellungen für den Jahresabschluss auf den 31. Dezember 01, der erst Anfang 2003 aufgestellt wird, ist die Rückstellung abzuzinsen, da die Laufzeit der Rückstellung am 31. Dezember 01 mehr als ein Jahr beträgt.

Bei Rückstellungen für nicht genommenen Urlaub von Mitarbeitern des Unternehmens handelt es sich regelmäßig um Rückstellungen mit einer Laufzeit von weniger als einem Jahr, sodass eine Abzinsung unterbleibt.

Rückstellungen, die eine Verpflichtung betreffen, die mehrere Jahre in der Zukunft liegt, werden entsprechend der Laufzeit „angesammelt". Der Rückstellungsbetrag erhöht sich damit jährlich bis zum Erfüllungsbetrag. Damit wird zugleich der Aufwand auf die Jahre verteilt, die ursächlich sind für die Entstehung der Verpflichtung. Im Steuerrecht gibt es hierzu die Spezialvorschrift des § 6 Abs. 1 Nr. 3a Buchstabe d) Satz 1 EStG.

Besteht z. B. die Verpflichtung, gemietete Räumlichkeiten bei Ablauf der fünfjährigen Mietzeit wieder in den Ursprungszustand zu versetzen, sind die voraussichtlich hierfür erforderlichen Kosten bereits in den Jahren der Laufzeit des Mietvertrags als Rückstellungen zu berücksichtigen. Hierbei wird dieser Aufwandsbetrag auf die Laufzeit des Mietvertrags verteilt und somit jährlich nur ein Teilbetrag des voraussichtlichen Erfüllungsbetrages in die Rückstellungsbewertung einbezogen (hier z. B. 1/5). Zugleich ist der Rückstellungsbetrag aufgrund der Laufzeit zumindest in den ersten vier Jahren nach § 253 Abs. 2 HGB abzuzinsen.

Im Fall der Verlängerung des Miet-/Pachtvertrages ist die stichtagsbezogene Bewertung der Rückstellungen zu beachten, die unter Umständen zu einer gewinnerhöhenden (Teil-)-Auflösung der Rückstellung aufgrund neu zu berechnender Abzinsung führen kann.

Hierzu ein Beispielsfall in Anlehnung an BFH v. 2. Juli 2014[27]:

Die Licht GmbH schloss im Jahr 1980 mit dem Grundstückseigentümer Z einen Pachtvertrag mit einer Laufzeit bis 1990. Dieser Vertrag zunächst 1990 verlängert bis zum Jahr 2000. Sodann wurde der Vertrag im Jahr 1998 aufgehoben und durch einen neuen Pachtvertrag mit Laufzeit bis 2010 ersetzt. In allen Verträgen war vereinbart, dass die auf dem Grundstück zulässigerweise durch die Licht GmbH errichteten Bauten bei Beendigung des Pachtverhältnisses zu beseitigen sind, sofern nicht ein Folgepächter die Anlagen und die Beseitigungsverpflichtung übernimmt.

Durch die Licht GmbH wurden entsprechende Rückstellungen für Abbruchverpflichtungen in den Jahren 1980 bis 1990 im Rahmen einer Ansammlungsrückstellung zurückgestellt. Seit 1990 bestanden nunmehr diese Rückstellungen in fast gleichbleibender Höhe und wurden fortgeführt.

---

[27] BFH vom 02.07.2014 – I R 46/12, der eine anderslautende Entscheidung des FG Niedersachsen vom 10.05.2012 – 6 K 108/10 damit aufhob.

Die Betriebsprüfung des Finanzamts betreffend das Jahr 2004 im Jahr 2009 vertrat zu den anzusetzenden Werten folgende Ansicht (Werte alle in Euro zur Vereinfachung):

Voraussichtliche Abbruchkosten € 200.000,-
(dies war auch der Rückstellungsbetrag lt. Bilanz seit 1990)

Wert zum 31. Dezember 2004 € 160.000,-
(bei gleichmäßige Verteilung der € 200.000,- v. 1980-2010, dem jetzt bekannten vermeintlichen Ende der Pachtzeit, ergibt sich pro Jahr eine Ansammlungsrückstellung in Höhe von 200.000€/30 Jahre = € 6.666,67 p.a.; bis zum 31. Dezember 2004 waren es 24 Jahre und somit gerundete € 160.000,-)

Abgezinste Bewertung auf den 31. Dezember 2004 € 153.000,-
(durch die Prüfung gem. § 6 Abs. 1 Nr. 3a e) EStG)

Vor Prüfung waren somit die Rückstellungen bei € 200.000,-, nach Prüfung bei € 153.000,-. Hierdurch alleine ergab sich ein Mehrgewinn in Höhe von € 47.000,- durch Auflösung/Neubewertung der Rückstellungen.

Weitergehend zur steuerlichen Bewertung von Rückstellungen siehe A.VII.7.f).

h) Wertaufholungsgebot (§ 253 Abs. 5 HGB)

Sobald an einem Folgestichtag zur Bewertung bei einem auf den niedrigeren Wert abgeschriebenen Vermögensgegenstand die Gründe für die niedrigere Bewertung wegfallen ist der Wert wieder zu erhöhen/hinzuzuschreiben. Es handelt sich um ein handelsrechtliches Wertaufholungsgebot und somit um eine Verpflichtung.

Der maximale Wert bleibt jedoch gem. § 253 Abs. 1 Satz 1 HGB der AHK-Wert vermindert um die Abschreibungen. Eine Bewertung über dem AHK-Wert bedeutet eine Überbewertung des Unternehmens.

Von der Verpflichtung zur Wertaufholung ausgenommen ist gem. § 253 Abs. 5 Satz 2 HGB die einmal durchgeführte Abschreibung auf den niedrigeren Wert bei einem entgeltlich erworbenen Firmenwert. Der niedrigere Wertansatz ist demnach verpflichtend beizubehalten.

6. Gewinn- und Verlustrechnung (GuV)

Die handelsrechtliche GuV ergibt sich zahlenmäßig aus der Verbuchung der laufenden Geschäftsvorfälle und der Jahresabschlussbuchungen.[28] Die Gliederung der GuV ist für Kapitalgesellschaften und KapCo-Gesellschaften zwingend gem. § 275 HGB vorgeschrieben. Dabei wird unterschieden zwischen der Anwendung des Gesamtkostenverfahrens (§ 275 Abs. 2 HGB) und der Anwendung des Umsatzkostenverfahrens (§ 275 Abs. 3 HGB). Beide Verfahren führen letztendlich zum gleichen Jahresergebnis, allerdings ist ein Wechsel zwischen den beiden Verfahrensarten im Sinne der Stetigkeit der GuV nach § 265 Abs. 1 Satz 1 HGB nur in Ausnahmefällen zulässig.

Ferner gewährt § 276 HGB größenabhängige Erleichterungen hinsichtlich der einzelnen Posten der GuV, während § 277 HGB Einzelregelungen und Definitionen für bestimmte Posten der GuV enthält.

VI. Bilanzkennzahlen/Jahresabschlussanalyse

Sowohl aus dem internen als auch dem externen Blickwinkel heraus sind Bilanzkennzahlen zur vereinfachten betriebswirtschaftlichen Betrachtung eines Unternehmens ein erstes Hilfsmittel zur Beurteilung der wirtschaftlichen Lage – dies sowohl im Branchenvergleich mit anderen Unternehmen als auch zur Beurteilung der Kreditwürdigkeit und eines etwaigen Insolvenzausfallrisikos. Die Analyse erfolgt nicht nach rechtlichen Grundsätzen, sondern stellt eine betriebswirtschaftliche Auswertung dar.

Dabei werden regelmäßig sich aus dem Jahresabschluss ergebende Zahlen in ein Verhältnis gesetzt und so eine Jahresabschlussanalyse erstellt. Dabei wird unterteilt in Kennzahlen der Bilanzstruktur (Vermögen/Kapital), Kennzahlen der Finanzstruktur (Finanzierung/Liquidität) und Kennzahlen zur Rentabilität des Unternehmens.

---

[28] Insoweit wird verwiesen auf *Nießen,* System, Technik und rechtliche Grundlagen der doppelten Buchführung sowie *Nießen,* Steuerliche Gewinnermittlung aufgrund doppelter Buchführung (Fachanwalt Steuerrecht Kurseinheit/Band 1 und 2)

Zumeist können die Kennzahlen sinnvoll nur analysiert werden, wenn Vergleichszahlen vergleichbarer Unternehmen vorliegen oder zumindest ein Mehrjahresvergleich der Unternehmenszahlen durchgeführt werden kann. Besonderheiten (saisonale Besonderheiten durch Wettereinflüsse oder rechtliche Besonderheiten wie Abbau der Solarförderung, Ausstieg aus der Atomkraft, …) sind zusätzlich zu bedenken und nicht in die Kennzahlenbildung einbezogen. Die Betrachtung der reinen Kennzahlen reicht daher zumeist nicht aus.

Nachfolgend nur einige Beispiele für die Bildung von Bilanzkennzahlen sowie Kennzahlen zur GuV und deren Bedeutung:

1. Kennzahlen zur Vermögensstruktur

a) Anlagenintensität

Grundsätzlich ist davon auszugehen, dass Unternehmen des produzierenden oder auch des verarbeitenden Gewerbes eine höhere Anlagenintensität besitzen als Dienstleistungsunternehmen. Außerdem gilt: Je geringer die Anlagenintensität eines Unternehmens, desto höher ist seine Anpassungsfähigkeit.

Anlagenintensität = Anlagevermögen : Gesamtvermögen

b) Ausnutzungsgrad des Anlagevermögens

Bei der Berechnung dieses Ausnutzungsgrades, der möglichst hoch sein sollte, muss insbesondere beachtet werden, dass auch Anlagevermögen wie Maschinen und Produktionshallen in Teilen gemietet/geleast/gepachtet sein können (daher in der Regel nicht in der Bilanz ersichtlich sind) und daher die Zahl verfälscht sein kann.

Ausnutzgrad des Anlagevermögens = Umsatzerlöse (Gesamtleistung) : Gesamtvermögen

2. Kennzahlen zur Kapitalstruktur

Im Rahmen der Betrachtung der Kapitalstruktur spielt das Eigenkapital und sein Verhältnis zu weiteren Passivposten die entscheidende Rolle.

a) Eigenkapitalquote

Eigenkapital ist bei der Analyse des Jahresabschlusses insofern bereits äußerst wichtig, als es dem Ausgleich von Verlusten im Falle einer Krise dient und damit auch eine Aussage zur Krisensicherheit eines Unternehmens ermöglicht. Je besser die Quote, desto gesicherter ist die Finanzierung des Unternehmens.

Eigenkapitalquote = Eigenkapital : Gesamtkapital

b) Fremdkapitalquote

Die Fremdkapitalquote stellt gewissermaßen eine Kennzahl des Kreditrisikos des Unternehmens dar, da regelmäßig gilt: Je höher der Anteil an Fremdkapital, desto schwieriger ist die Aufnahme neuer Kredite. Allerdings gilt auch hier, dass neben den reinen Kennzahlen auch die Fristigkeiten des Fremdkapitals und die Qualität des Fremdkapitals zu betrachten sind, um die Kennzahl angemessen auszuwerten.

Fremdkapitalquote = Fremdkapital : Gesamtkapital

3. Maßgaben zur Finanzstruktur

Bei der analytischen Betrachtung der Finanzstruktur werden die Zahlen der Aktivseite der Bilanz zu den Zahlen der Passivseite der Bilanz ins Verhältnis gesetzt (auch bezeichnet als: horizontale Bilanzregeln). Dabei sind die Aktiva, wie Forderungen, als künftige Zahlungseingänge zu bewerten und Passiva, wie Verbindlichkeiten, als künftige Zahlungsausgänge.

Damit dürfte deutlich sein, dass sinnvollerweise das langfristige Vermögen kleiner sein sollte als das langfristig gebundene Kapital und das kurzfristige Vermögen größer als das kurzfristig gebundene Kapital (siehe auch unten unter 3. b) „Goldene Bilanzregel").

Bei Gleichheit der Bindungsfristen von Aktiva und Passiva kann vereinfacht von einem finanziellen Gleichgewicht des Unternehmens ausgegangen werden.

a) Goldene Finanzierungsregel (Bankregel)

Insofern gilt, dass die Kreditlaufzeit zur Finanzierung eines Vermögensgegenstands nicht länger sein sollte als die Nutzungsdauer des finanzierten Anlageguts.

b) Goldene Bilanzregel

Langfristig gebundenes Vermögen soll auch durch langfristiges Kapital gedeckt sein, allenfalls Umlaufvermögen mit kurzfristigem Fremdkapital finanziert werden.

4. Kennzahlen zur Rentabilität

a) Eigenkapitalrentabilität

Die Rentabilität des Eigenkapitals sollte in der Planung eines Unternehmens mindestens den Zinssatz für langfristige Geldanlagen erreichen. Andernfalls würde sich, vereinfacht gesagt, die Investition von Eigenkapital des Unternehmers in das Unternehmen im Verhältnis zur Anlage des Geldes bei Banken etc. ja nicht lohnen.

Eigenkapitalrentabilität = Gewinn : Eigenkapital

b) Gesamtkapitalrentabilität

Auch die Gesamtkapitalrendite sollte sich an den o.g. Zinssätzen orientieren. Sie drückt die Ertragskraft des Unternehmens insgesamt aus, da die Verzinsung des gesamten eingesetzten Kapitals ermittelt wird.

Gesamtkapitalrentabilität = (Gewinn + Fremdkapitalzinsen) : Gesamtkapital

c) Umsatzrentabilität oder Umsatzrendite

Die Umsatzrentabilität zeigt auf, welcher Anteil an Umsatzerlösen des Geschäftsjahrs im Unternehmen verblieben ist und für Investitionen, Entnahmen oder Ausschüttungen verwendet werden kann.

Umsatzrentabilität = Gewinn : Umsatzerlöse

VII. Steuerlich relevante Tatbestände und Abweichungen von der handelsbilanziellen Beurteilung innerhalb und außerhalb des Jahresabschlusses

Trotz umfangreicher Änderungen[29] im Rahmen der Rechtsbeziehung zwischen Handels- und Steuerbilanz sind zum Verständnis weiterhin die Begrifflichkeiten der „Maßgeblichkeit" und der „umgekehrten Maßgeblichkeit" der Handelsbilanz für die Steuerbilanz wichtig.

1. Kurzvergleich der Rechtslagen § 5 EStG neu/alt[30]

a) Grundsatz der Maßgeblichkeit der Handelsbilanz

Dieser Grundsatz entstammt § 5 Abs. 1 Satz 1 EStG und besagt, dass bei Gewerbetreibenden, die Bücher führen (egal ob gesetzlich verpflichtend oder freiwillig) für den Schluss des Wirtschaftsjahrs das Betriebsvermögen anzusetzen ist, welches nach den handelsrechtlichen Grundsätzen ordnungsgemäßer Buchführung auszuweisen ist. Bis hierher gilt somit der Ansatz der handelsrechtlichen Werte auch für den Ansatz zur Ermittlung eines steuerlichen Gewinns.

---

[29] Insbesondere durch das Bilanzrechtsmodernisierungsgesetz mit Wirkung spätestens für Geschäftsjahre ab dem 01.01.2010; siehe hierzu insbesondere § 66 Abs. 1 EGHGB.
[30] Siehe zur Änderung des § 5 Abs. 1 EStG auch BMF-Schreiben vom 12.03.2010, in: BStBl. I 2010, 239.

Ausnahmen sind nach § 5 Abs. 1 Satz1 a. E. EStG zulässig im Rahmen der Ausübung steuerlicher Wahlrechte.

Dieser Grundsatz ist auch nach Einführung der Vorschriften des Bilanzrechtsmodernisierungsgesetzes bestehen geblieben.

b) Umgekehrte Maßgeblichkeit (alte Gesetzesfassung)

Nach § 5 Abs. 1 Satz 2 EStG konnten in der Zeit vor den Regelungen des Bilanzrechtsmodernisierungsgesetzes steuerliche Wahlrechte in der Gewinnermittlung nur dann geltend gemacht werden, wenn sie in Übereinstimmung mit dem handelsrechtlichen Einzelabschluss erfolgten. Damit in der Handelsbilanz auch rein steuerliche Wahlrechte überhaupt zum Ansatz gelangen konnten, sah die frühere Fassung des HGB handelsrechtliche Öffnungsklauseln vor (§§ 247 Abs. 3, 254, 273, 279 Abs. 2, 280 Abs. 2, 3 und § 281 HGB a.F.).

Diese Öffnungsklauseln sind mit Einführung der neuen Vorschriften des Bilanzrechtsmodernisierungsgesetzes gestrichen worden.

Die früher umfassende „umgekehrte Maßgeblichkeit" (auch: formelle Maßgeblichkeit) ist somit jedenfalls für die rein steuerlichen Wahlrechte weggefallen.

c) Steuerliches Verzeichnis gem. § 5 Abs. 1 Satz 2 EStG (neue, aktuelle Fassung)

Nunmehr bedarf es als Voraussetzung für die Ausübung von steuerlichen Wahlrechten für Wirtschaftsgüter, die nicht mit dem handelsrechtlich maßgeblichen Wert in der steuerlichen Gewinnermittlung ausgewiesen werden, der Aufnahme in besondere, laufend zu führende Verzeichnisse.

Dieses Verzeichnis muss gem. § 5 Abs. 1 Satz 3 EStG folgende Angaben enthalten:

- Tag der Anschaffung/Herstellung,
- Anschaffungskosten/Herstellungskosten,
- Angabe der Vorschrift des ausgeübten steuerlichen Wahlrechts,
- Abschreibung.

Ein solches Verzeichnis ist insbesondere zu erstellen bei der Inanspruchnahme folgender steuerlicher Wahlrechte:
- Rücklage nach § 6b Abs. 3 Satz 1 EStG (Übertragungsmöglichkeit von bestimmten stillen Reserven),
- Rücklage für Ersatzbeschaffung nach R 6.6 Abs. 4 EStR,
- Teilwertabschreibungen nach § 6 Abs. 1 Nr. 1 Satz 2 EStG bei voraussichtlich dauernder Wertminderung,
- Sonderabschreibungen sowie Hinzurechnungen und Minderungen im Rahmen des § 7g EStG (Investitionsabzugsbeträge und Sonder-AfA),
- Das Wahlrecht der Einbeziehung von allgemeinen Verwaltungskosten in die Herstellungskosten laut R. 6.3 Abs. 4 EStR 2008, sofern auch handelsrechtlich so verfahren wurde (weiterhin „umgekehrte Maßgeblichkeit"), war steuerlich nur noch unter der Beachtung des BMF-Schreibens v. 25. März 2013[31] anwendbar.

Inzwischen gestattet § 6 Abs. 1 Nr. 1b EStG nur die Einbeziehung eines „angemessenen" Teils der Kosten der allgemeinen Verwaltung.

2. Steuerliches Betriebsvermögen

Gem. § 4 Abs. 1 Satz 1 EStG (auch § 5 Abs. 1 Satz 1 EStG) ist der steuerlich relevante Gewinn durch einen Vergleich der *Betriebs*vermögen zu ermitteln. Damit scheiden Vorgänge auf der privaten Vermögensebene des Kaufmanns aus, da sie sich nicht auf den steuerlichen Gewinn auswirken dürfen (vgl. z. B. § 12 Nr. 1 EStG). Die steuerliche Zuordnung von Wirtschaftsgütern zum steuerlich relevanten Betriebsvermögen oder zum Privatvermögen wird zunächst nach der tatsächlichen Nutzung des Wirtschaftsguts vorgenommen. Ist danach eine konkrete Zuordnung nicht möglich, erfolgt diese nach der geplanten/beabsichtigten Nutzung entweder für den außerbetrieblichen Bereich oder für den betrieblichen Bereich.

Wie bereits oben zu den handelsrechtlichen Grundsätzen des Vermögens eines Kaufmanns dargestellt, ist diese Unterscheidung für das Handelsrecht nur insoweit entscheidend, als ohne jedweden Bezug zum Unter-

---

[31] BMF v. 25.03.2013, BStBl. I 2013, 296.

nehmen stehende Wirtschaftsgüter sicherlich nicht dem Begriff des Anlagevermögens unterliegen dürften und z. B. nach dem Publizitätsgesetz die Bilanzierung von Privatvermögen verboten ist.

Insbesondere bleibt es auch beim steuerlichen Betriebsvermögen selbstverständlich bei der wirtschaftlichen Betrachtung, vor allem unter Berücksichtigung der steuerlichen Grundnorm der Zurechnung, des § 39 AO („wirtschaftliches Eigentum").

Gem. § 4 Abs. 1 Satz 10 EStG sind bei der Ermittlung des Gewinns die Vorschriften über die Betriebsausgaben, die Bewertung und die Abschreibung (insbesondere §§ 4 Abs. 4 ff., 6 und 7 EStG) zu berücksichtigen.

a) Notwendiges Betriebsvermögen

„Wirtschaftsgüter, die ausschließlich und unmittelbar für eigenbetriebliche Zwecke des Steuerpflichtigen genutzt werden oder dazu bestimmt sind, sind notwendiges Betriebsvermögen."[32] Dabei ist nicht die tatsächliche Notwendigkeit des einzelnen Wirtschaftsguts für den Betrieb, sondern die Nutzung und/oder beabsichtigte Nutzung ausschlaggebend.

Aus steuerlicher Sicht besteht insoweit keinerlei Wahlrecht, sondern ein Zwang zu bilanziellen Berücksichtigung des Wirtschaftsguts ohne Einflussmöglichkeit des Steuerpflichtigen[33].

Beispiele für typischerweise notwendiges Betriebsvermögen
- Lkw einer Spedition,
- Produktionsmaschinen eines Herstellers,
- Produktionshalle/Gebäude,
- Handelswaren,
- …

Wirtschaftsgüter, die nicht Grundstücke oder Grundstücksteile sind und zu mehr als 50 % eigenbetrieblich durch den Steuerpflichtigen genutzt werden, gehören gem. R 4.2 Abs. 1 Satz 4 EStR vollständig zum notwendigen Betriebsvermögen.

---

[32] R 4.2 Abs. 1 Satz 1 EStR.
[33] So ausdrücklich auch BFH vom 13.05.2014 – III B 152/13 bestätigend zu FG Mecklenburg-Vorpommern vom 23.10.2013 – 3 K 306/11.

Häufiger Anwendungsfall ist der Pkw des Betriebsinhabers, mit dem z. B. 60 % betrieblich bedingte Fahrten durchgeführt werden. Dieser ist zwangsweise vollständig notwendiges Betriebsvermögen.

b) Gewillkürtes Betriebsvermögen

Wird ein Wirtschaftsgut mindestens zu 10 % und höchstens zu 50 % betrieblich genutzt, kann das Wirtschaftsgut steuerlich in vollem Umfang dem steuerlichen Betriebsvermögen zugeordnet werden. Es besteht in diesem Fall ein Wahlrecht, sowohl bei der Gewinnermittlung nach Betriebsvermögensvergleich als auch bei einer Gewinnermittlung nach § 4 Abs. 3 EStG (Einnahmenüberschussrechnung).[34]

Es muss für die Zuordnung allerdings eine dokumentierte Handlung durch den Steuerpflichtigen erfolgen, aus der ein sachverständiger Dritter ohne Weiteres die Zugehörigkeit zum Betriebsvermögen zu erkennen vermag.[35] Als solche ist in der Regel die Verbuchung des Wirtschaftsguts auf ein entsprechendes Buchhaltungskonto anzusehen und/oder die (zeitnahe) Aufnahme in ein Anlageverzeichnis.[36]

Eine willkürliche Zuordnung ist dabei selbstverständlich unzulässig. Es dürfen nur Wirtschaftsgüter als gewillkürtes Betriebsvermögen behandelt werden, die in einem gewissen objektiven Zusammenhang mit dem Betrieb stehen und ihn zu fördern bestimmt und geeignet sind.[37] Die bereits aus der Begrifflichkeit mögliche Willkürung muss „ihr auslösendes Moment im Betrieb haben"[38], weshalb der Steuerpflichtige auch die Darlegungslast für den betrieblichen Zusammenhang trägt.

Ein lediglich Verlust bringendes Wirtschaftsgut scheidet in der Regel daher als Wirtschaftsgut des gewillkürten Betriebsvermögens aus.

---

[34] Änderung der Rechtsprechung durch Urteil des BFH vom 02.10.2003 – IV R 13/03.
[35] Vgl. BFH vom 02.03.2006 – IV R 36/04.
[36] Siehe hierzu auch BFH vom 21.08.2012 – VIII R 11/11, vorgehend Urteil des FG Rheinland-Pfalz vom 23.09.2010 – 6 K 2286/08 –.
[37] R 4.2 Abs. 1 Satz 3 EStR.
[38] H 4.2 Abs. 1 „Gewillkürtes Betriebsvermögen".

c) Notwendiges Privatvermögen

Erfolgt die betriebliche Nutzung eines Wirtschaftsguts zu weniger als 10 % betrieblich, ist ertragsteuerlich eine Zuordnung zum Betriebsvermögen nicht möglich. Es liegt dann gem. R 4.2 Abs. 1 Satz 5 EStR notwendiges Privatvermögen vor.

Hiermit wird jedoch nicht ausgeschlossen, dass die durch die betriebliche Nutzung des betreffenden Wirtschaftsguts des Privatvermögens entstandenen Kosten als gewinnmindernde Betriebsausgabe geltend gemacht werden können.

So bleibt bei einem Pkw des notwendigen Privatvermögens die Fahrt des Betriebsinhabers zu einem Zulieferer oder Kunden betrieblich veranlasst und die dadurch entstehenden Kosten stellen gem. § 4 Abs. 4 EStG Betriebsausgaben dar.

Vereinfachtes Schaubild zur steuerlichen Einordnung von Wirtschaftsgütern zum Betriebsvermögen oder Privatvermögen:

Betriebliche Nutzung	Zuordnung
< 10 %	notwendiges Privatvermögen (Bilanzierungsverbot)
10 % bis 50 %	gewillkürtes Betriebsvermögen (Wahlrecht)
> 50 %	notwendiges Betriebsvermögen (Bilanzierungszwang)

d) Sonderfall/Ausnahme untergeordnete Grundstücks- und/oder Gebäudeteile gem. § 8 EStDV

Durch § 8 EStDV wird hinsichtlich eines Bilanzierungszwangs eine Ausnahme geschaffen, sofern es sich um eigenbetrieblich genutzte Grundstücksteile handelt.

Diese brauchen unter folgenden Voraussetzungen nicht als notwendiges Betriebsvermögen behandelt zu werden, auch wenn nach den o. g. Grundsätzen ein Bilanzierungszwang bestehen würde:

- Wert des Grundstücksteils max. bis 20 % des gemeinen Werts (Verkehrswerts) des gesamten Grundstücks und
- Wert des Grundstücksteils nicht mehr als € 20.500,-.

Klassisches Anwendungsbeispiel ist der zu 100 % genutzte Lagerraum eines Handelsvertreters im eigenen Haus. Grundsätzlich wäre dieser Lagerraum zu bilanzieren und abzuschreiben, da er wegen eigenbetrieblicher Nutzung von 100 % notwendiges Betriebsvermögen darstellt. Überschreitet der Wert die in § 8 EStDV aufgeführten Grenzen jedoch nicht, kann der Handelsvertreter von einer Bilanzierung Abstand nehmen (Wahlrecht).

Die anteiligen Kosten sind jedoch nichtsdestotrotz als betrieblicher Aufwand zu berücksichtigen (Buchung dann z. B.: „Grundstücksaufwand" an „Einlage"). Vorteil der ausbleibenden Bilanzierung ist, dass bei einem etwaigen Verkauf des Gebäudes die in dem Raum liegenden anteiligen stillen Reserven (Unterschied Buchwert zu anteiligem Verkaufserlös) nicht zu den gewerblichen Einkünften zählen.

Zu den Besonderheiten der Grundstücke und Grundstücksteile im Einzelnen siehe nachfolgendes Kapitel VII.3: „Grundstücke und Grundstücksteile im Steuerrecht aus bilanzieller Sicht".

3. Grundstücke und Grundstücksteile im Steuerrecht aus bilanzieller Sicht

Wie bereits unter A.V.2. zum Vermögensbegriff des Kaufmanns beschrieben, ergeben sich hinsichtlich der Behandlung von Grundstücken und Grundstücksteilen im Steuerrecht Besonderheiten, die sich einerseits auswirken im Umfang der Bilanzierung, aber auch hinsichtlich der unterschiedlichen Möglichkeiten der Abschreibung.

Die nachfolgenden Ausführungen beziehen sich dabei auf den (überwiegenden) Fall, dass diese Wirtschaftsgüter zum Anlagevermögen des jeweiligen Betriebs gehören. Daher sind also nachfolgend die Bewertungsgrundsätze des Anlagevermögens zu berücksichtigen.

Zivilrechtlich sind bebaute Grundstücke als eine (unbewegliche) Einheit zu betrachten, da das Gebäude regelmäßig nach § 94 BGB rechtlich als wesentlicher Bestandteil des Grund und Bodens zu bewerten ist.

Sowohl handels- als auch steuerrechtlich erfolgt jedoch eine andere Beurteilung (siehe auch oben unter A.V.2.a). Es erfolgt dabei zunächst die Trennung zwischen Grund und Boden sowie Gebäude und die einheitliche Entscheidung der Frage der Zuordnung zum Betriebsvermögen oder zum Privatvermögen. Dabei folgt die Beurteilung des Grund und Bodens grundsätzlich der Einordnung des jeweilig aufstehenden Gebäudes.

Es ist somit immer erst zu prüfen, welcher Vermögensart das Gebäude zuzuordnen ist, erst dann erfolgt auch die entsprechende Zuordnung des Grund und Bodens (ggf. anteilig).

Steuerlich ist weitergehend zu differenzieren. Dabei ist zunächst auf die Nutzung/Nutzungsabsicht der einzelnen Gebäudeteile abzustellen, denn jede unterschiedliche Nutzung kann zu einem gesondert zu beurteilenden Wirtschaftsgut in steuerbilanziellem Sinne führen.

Ferner ist zu berücksichtigen, dass Gebäudeteile, welche nicht in einem einheitlichen Nutzungs- und Funktionszusammenhang mit dem Gebäude stehen, gem. R 4.2 Abs. 3 EStR ebenfalls selbstständige Wirtschaftsgüter darstellen, unabhängig von der zivilrechtlichen Einordnung als eventueller Bestandteil des Gebäudes.

a) Selbstständige Gebäudeteile (R 4.2 Abs. 3 EStR)

Nach den Einkommensteuerrichtlinien ist ein Gebäudeteil als selbstständiger Gebäudeteil anzusehen, wenn er besonderen Zwecken dient und damit in einem von der eigentlichen Gebäudenutzung verschiedenen Nutzungs- und Funktionszusammenhang steht. Dabei wird weiter unterteilt, u. a. weil die jeweilige Einordnung auch im Rahmen der Beurteilung der steuerrechtlichen Abschreibung von Bedeutung sein kann.

aa) Betriebsvorrichtungen

Betriebsvorrichtungen als selbstständige Wirtschaftsgüter werden steuerrechtlich immer als bewegliche Wirtschaftsgüter eingeordnet,[39] dies auch dann, wenn sie zivilrechtlich wesentlicher Bestandteil eines Grundstücks sind.

Zur Definition der Betriebsvorrichtungen bzw. zur Einordnung von Wirtschaftsgütern zu den Betriebsvorrichtungen gibt es eine Vielzahl von Urteilen und umfangreiche Verwaltungsanweisungen,[40] wobei zusammenfassend zunächst als Betriebsvorrichtung zu beurteilen sind:

- Maschinen und
- maschinenähnliche Anlagen, die zu einer Betriebsanlage gehören.

Dabei orientiert sich die Beurteilung insbesondere daran, „ob das Wirtschaftsgut gerade für Zwecke des in dem Gebäude ausgeübten Gewerbes verwendet wird, oder ob eine Verwendung auch dann möglich wäre, wenn in dem Gebäude ein anderes Gewerbe betrieben würde"[41]. Es muss daher der konkrete Einzelfall der Verwendung betrachtet werden, sodass sich regelmäßig eine allgemeine Aussage für bestimmte Wirtschaftsgüter nicht treffen lässt.

Der BFH hat Betriebseinrichtungen z. B. bejaht für:

- Fahrstuhlschacht eines Lastenfahrstuhls ohne statische Funktion,[42]
- Förderturm[43] oder etwaige Fundamente für Maschinen.

Es bleibt jedoch bei einer jeweiligen Einzelentscheidung, sodass eine allgemeingültige Definition hier nicht gegeben werden kann.

---

[39] Vgl. § 68 Abs. 2 Nr. 2 BewG und R 7.1 Abs. 3 EStR.
[40] Vgl. *Schubert/Andrejewski*, in: Beck´scher Bilanzkommentar, § 253 Rn. 416 ff., sowie Gleichlautende Erlasse der obersten Finanzbehörden der Länder betreffend Abgrenzung des Grundvermögens von den Betriebsvorrichtungen vom 31.03.1992, BSTBl I 1992, 342.
[41] *Schubert/Andrejewski*, in: Beck´scher Bilanzkommentar, § 253 Rn. 416
[42] BFH vom 07.10.1977 – III R 48/76.
[43] BFH vom 13.06.1969 – III 17//65.

bb) Scheinbestandteile

Von Scheinbestandteilen ist auszugehen, wenn bewegliche Wirtschaftsgüter zu einem vorübergehenden Zweck in ein Gebäude eingefügt werden und als bewegliche Wirtschaftsgüter zu beurteilen sind.[44] Dabei gelten als vorübergehende Einbauten auch zu vorübergehenden Zwecken eingefügte Anlagen des Steuerpflichtigen für eigene Zwecke und vom Vermieter oder Verpächter zur Erfüllung besonderer Bedürfnisse des Mieters oder Pächters eingefügte Anlagen, deren Nutzungsdauer nicht länger als die Laufzeit des Vertragsverhältnisses ist.

cc) Ladeneinbauten

Als solche kommen nur Aufwendungen für Gebäudeteile in Betracht, die statisch für das gesamte Gebäude unwesentlich sind.[45] Beispiele (nach R. 4.2 Abs. 3 Nr. 3 EStR):

- Gaststätteneinbauten,
- Schalterhallen.

dd) Mietereinbauten

Sofern kein Scheinbestandteil und keine Betriebsvorrichtung gegeben sind, handelt es sich bei Mietereinbauten um unbewegliche Wirtschaftsgüter,[46] die nach den für Gebäude geltenden Grundsätzen abzuschreiben sind.[47] Dieses Wirtschaftsgut „Mietereinbau" ist als selbstständiger Gebäudeteil zu bilanzieren.

b) Sonstige selbstständige Gebäudeteile (R 4.2 Abs. 4 EStR)

Die unterschiedliche Nutzung von Gebäuden und Gebäudeteilen führt im Ertragsteuerrecht zu vier möglichen unterschiedlichen (selbstständig zu beurteilenden) Wirtschaftsgütern.

---

[44] § 95 BGB; R 7.1 Abs. 4 EStR; H 7.1 „Scheinbestandteile" EStR.
[45] R 4.2 Abs. 3 Nr. 3 EStR.
[46] H 4.2 Abs. 3 „Mietereinbauten" EStR.
[47] H 7.4 „Mietereinbauten" EStR mit Verweis auf BFH vom 15.10.1996.

Möglich sind dabei:

- eigenbetriebliche Nutzung,
- fremdbetriebliche Nutzung,
- Nutzung zu eigenen Wohnzwecken,
- Nutzung zu fremden Wohnzwecken.

Diese vier Nutzungen können dabei ohne Weiteres innerhalb eines Gebäudes erfolgen. Dann ist für jedes einzelne Wirtschaftsgut gesondert zu prüfen, ob ein Ansatz in der Bilanz dem Grunde nach erfolgen muss/kann und nach welchen Vorschriften eine Bewertung zu erfolgen hat. Die AHK des Gebäudes sowie des Grund und Bodens[48] sind dabei entsprechend auf die einzelnen Wirtschaftsgüter anteilig oder nach direkter Zuordnung aufzuteilen. Als grundsätzlicher Maßstab ist dabei das Verhältnis der Flächen der aufstehenden Immobilie zueinander anzuwenden. In bestimmten Fällen (z. B. Dachgeschosswohnung als Luxusappartement ausgebaut, der Rest der Wohnungen in einem eher verwahrlosten Zustand) kann sich ein anderer Maßstab ergeben. Vorrangig bleibt jedoch auch hier, sofern möglich, die Einzelbewertung durch direkte Zuordnung der entstandenen Aufwendungen.

Beispiel Der bilanzierende Gewerbetreibende und Kaufmann A. ist Eigentümer eines Wohn- und Geschäftsgrundstücks in Bielefeld. Das Grundstück hat eine Gesamtfläche von 750 m² und ist mit dem im Eigentum des A. stehenden Gebäude mit einer Wohn- und Nutzfläche von 600 m² bebaut. Baujahr des Gebäudes war 1915. A. hat das Grundstück mit notariellem Vertrag vom 15. Dezember 01 (Übergang von Nutzen und Lasten am 1. Januar 2002) zu einem Kaufpreis von insgesamt € 450.000 erworben. Der Anteil des Grund und Bodens am Kaufpreis beträgt unstreitig 25 %.[49] Die Eintragung des Eigentümerwechsels im Grundbuch erfolgte am 15. April 02.

---

[48] Vgl. R 4.2 Abs. 7 und H 4.2 Abs. 7 EStR „Anteilige Zugehörigkeit des Grund und Bodens".

[49] Hinweis: In der Regel ist in der notariellen Urkunde kein Hinweis auf den Kaufpreis für Grund und Boden; regelmäßig gehen die Finanzverwaltungen zur Ermittlung (Schätzung) dieses Kaufpreisanteils nach den Bodenrichtwerten, die entweder bei den Gutachterausschüssen erfragt werden können oder (für NRW) im Internet einsehbar sind unter http://www.boris.nrw.de.

Das Gebäude wird seit dem 1. Januar 02 wie folgt genutzt:

EG: Lebensmittelhandel des A. auf einer Fläche von 210 m²
1. OG: Vermietung zu Wohnzwecken (zwei Wohnungen á 60 m²)
2. OG: Vermietung an den Versicherungsmakler Z. für dessen Büro (35 m²)
2. OG: Vermietung an den gemeinnützigen Verein Aids Hilfe Bielefeld e.V. zur Nutzung als Büro und Beratungsstelle (35 m²)
3. OG: Nutzung zu eigenen Wohnzwecken des A. (160 m²)
4. OG: Vermietung an einen Arbeitnehmer des A. zu Wohnzwecken (40 m²); dieser ist Betriebsleiter des Lebensmittelmarktes, übernimmt dort Leitungsfunktionen und ist zuständig für das Auf- und Abschließen des Ladenlokals.

Auf Abschreibungen, Grunderwerbsteuer und Umsatzsteuer soll an dieser Stelle nicht eingegangen werden.

Welche Wirtschaftsgüter kann/darf/muss A. in seiner Bilanz des Einzelunternehmens auf den 31. Dezember 02 als Bilanzposten in welcher Höhe (ohne AfA!) berücksichtigen?

4. OG	notwendiges BV, eigenbetriebliche Nutzung (vgl. R 4.2 Abs. 4 Satz 2 EStR)	6,67 %
3. OG	notwendiges PV	26,67%
2. OG e.V.	gewillkürtes BV möglich, fremdbetriebliche Nutzung (vgl. R 4.2 Abs. 4 Satz 3 EStR)	5,83 %
2. OG Versicherung	gewillkürtes BV möglich, fremdbetriebliche Nutzung	5,83 %
1. OG	gewillkürtes BV möglich, Nutzung zu fremden Wohnzwecken	20%
EG	notwendiges BV, eigenbetriebliche Nutzung	35 %
		100 %

Ermittlung der zuzuordnenden AHK für die einzelnen Wirtschaftsgüter:

Kaufpreis gesamt	€ 450.000	
davon Grund und Boden (25%)	- € 112.500	
verbleiben als AHK Gebäude		€ 337.500

Notwendiges Betriebsvermögen:

Wirtschaftsgut eigenbetriebliche Nutzung:

Geschoss	Gebäudeteil	Grund und Boden
4. OG	€ 22.612,50	€ 7.537,50
EG	€ 118.125,00	€ 39.375,00
Summe	**€ 140.737,50**	**€ 46.912,50**

Das Wirtschaftsgut der eigenbetrieblichen Nutzung ist als *einheitliches Wirtschaftsgut* in der Bilanz zu berücksichtigen, obwohl es sich hier technisch gesehen um zwei verschiedene und nicht räumlich direkt zusammenhängende Gebäudeteile handelt.

Praxishinweis Zur Aufteilung eines Gesamtkaufpreises von Immobilien in Anschaffungskosten für Grund und Boden sowie für den Gebäudeteil wird seitens der Finanzverwaltung mittlerweile regelmäßig nach einem vereinfachten Verfahren zur Verkehrswertermittlung[50] vorgenommen. Der ermittelte Verkehrswert für Grund und Boden einerseits und Gebäude andererseits wird dabei in seinem Verhältnis (prozentualer jeweiliger Anteil am ermittelten Gesamtverkehrswert) auf den tatsächlichen Kaufpreis bzw. die Anschaffungskosten übertragen.

Das BMF hat hierzu eine auf Excel basierte Berechnungshilfe mit Anleitung auf seinen Internetseiten zur Verfügung gestellt mit dem Titel/möglichen Suchbegriff „Arbeitshilfe zur Aufteilung eines Gesamtkaufpreises für ein bebautes Grundstück (Kaufpreisaufteilung)".

Beispiel Unternehmer U kauft ein Gewerbeobjekt für insgesamt € 750.000,- (inklusive aller Anschaffungsnebenkosten wie Grunderwerbsteuer, Notar, Gerichtskosten für die Eintragung des Eigentumswechsels im Grundbuch, etc.). Für die Eintragung der Grundschuld zu Gunsten der finanzierenden Bank fallen Gerichtskosten in Höhe von € 1.500,- an.

---

[50] Vgl. BFH vom 10.10.2000 – IX R 86/97; H 7.3 EStR „Kaufpreisaufteilung"

Der Verkehrswert laut Gutachten beträgt insgesamt € 800.000,-, wobei € 150.000,- auf Grund und Boden entfallen und € 650.000,- auf das Gebäude.

Die Ermittlung der Anschaffungskosten der einzelnen Wirtschaftsgüter/Vermögensgegenstände anhand der durch den BFH mit Urteil vom 10. Oktober 2000 (Az. IX R 86/97) herausgearbeiteten und genutzten vereinfachten Verkehrswertermittlung stellt sich (vereinfacht) wie folgt dar:

Zunächst werden die Verkehrswerte der einzelnen Wirtschaftsgüter ins Verhältnis zum gesamten Verkehrswert der Immobilie gesetzt:

Grund und Boden
(€ 150.000 : € 800.000) x 100 = 18,75 %
(Verkehrswert GruBo dividiert durch Gesamtverkehrswert x 100)

Gebäude
(€ 650.000 : € 800.000) x 100 = 81,25 %
(Verkehrswert Gebäude dividiert durch Gesamtverkehrswert x 100)

Der Anteil der jeweiligen Verkehrswerte wird nunmehr auf die tatsächlichen Anschaffungskosten angewendet.

Die Kosten der Eintragung der Grundschuld (Notar-, Gerichtskosten, etc.) stellen aus steuerlicher Sicht[51] Finanzierungskosten dar und gehören nicht zu den aktivierbaren Anschaffungskosten. Zwar wird die vollumfängliche Anwendung des für „Herstellungskosten" geltenden § 255 Abs. 3 HGB auch auf die handelsrechtlichen Anschaffungskosten abgelehnt, aber die Frage ob ein vollständiges Verbot zur Einbeziehung der Fremdkapitalzinsen in Anschaffungskosten hierdurch gegeben ist, ist umstritten[52]. Jedoch sieht der Gesetzestext keine Möglichkeit der Einbeziehung dieser Kosten in die Anschaffungskosten vor. Die Einbeziehung der Finanzierungskosten in die Anschaffungskosten ist daher abzulehnen.[53] Diese Kosten kann der Unternehmer in voller Höhe sofort als Betriebsausgaben abziehen. Selbiges ergibt sich unter Berücksichtigung der BFH

---

[51] Vgl. u.a. BFH vom 27.10.1998 – IX R 44/95; BFH vom 19.06.1997 – ; FG Niedersachsen vom 09.09.1999– VIII 776/98.
[52] *Schubert/Hutzler* in: Beck´scher Bilanz-Kommentar, § 255 Rn. 501; Heyes/Theles/Elpranain: NOMOS-Handkommentar HGB, § 255 Rn. 34.
[53] So auch *Schubert/Gadeck* in: Beck´scher Bilanz-Kommentar, § 255 Rn. 325 „Finanzierungskosten".

Rechtsprechung[54] für die Vermittlungs-/Maklergebühr für einen Kreditvertrag zur Finanzierung der Immobilie.

Hier ergeben sich mithin zu berücksichtigende Gesamtanschaffungskosten in Höhe von € 750.000,-.

Auf den Grund und Boden entfallen nach der oben beschriebenen Methode des BFH somit:

€ 750.000,- x 18,75 % = € 140.625,-

Auf das Gebäude entfallen:

€ 750.000,- x 81,25 % = € 609.375,-

Diese Gebäudeanschaffungskosten sind damit auch die Bemessungsgrundlage für die Ermittlung der Abschreibung.

Gewillkürtes Betriebsvermögen:

Als Kaufmann kann der Unternehmer A. seinem Betrieb, sofern es sich nicht um rein verlustbringende Wirtschaftsgüter handelt, sein Eigentum wahlweise dem Betrieb zuordnen, sofern eine objektive Eignung zur Förderung des Unternehmens gegeben ist.

Diese Eignung kann hier insbesondere in der Aufstockung des Kapitals bzw. der Haftsumme des Unternehmens sein. Auch ein etwaiger Gewinn aus der Vermietung/Verpachtung stärkt grundsätzlich das Unternehmen.

Hinweis Steuerlich ist allerdings zu beachten, dass bei Zuordnung der betreffenden Wirtschaftsgüter zum Betriebsvermögen des A. die entsprechenden Erträge hier der Gewerbesteuerpflicht unterliegen. Diese ist zwar in Teilen anrechenbar auf die Einkommensteuer des Einzelunternehmers, jedoch verbleibt unter Umständen eine Belastung mit Steuern. Regelmäßig ist nur eine gewerbesteuerliche Kürzung nach § 9 Nr. 1 S. 1 GewStG möglich, eine etwaige erweiterte gewerbesteuerliche Kürzung nach § 9 Nr. 1 S. 2 GewStG ist hier nicht einschlägig. Ordnet der A. diese Gebäudeteile dem Privatvermögen zu, so erzielt er daraus nicht gewerbesteuerpflichtige Einkünfte aus Vermietung und Verpachtung nach § 21 EStG.

---

[54] BFH vom 19.06.1997 – IV R 16/95 und vom 04.03.1976 – IV R 78/72.

Wirtschaftsgut fremdbetriebliche Nutzung:

Geschoss	Gebäudeteil	Grund und Boden
2. OG e.V.	€ 19.676,25	€ 6.558,75
2. OG Versicherung	€ 19.676,25	€ 6.558,75
Summe	**€ 39.352,50**	**€ 13.117,50**

Wirtschaftsgut Nutzung zu fremden Wohnzwecken:

Geschoss	Gebäudeteil	Grund und Boden
1. OG	€ 67.500	€ 22.500
Summe	**€ 67.500**	**€ 22.500**

Der Unternehmer kann hinsichtlich der Möglichkeiten des gewillkürten Betriebsvermögens für jedes Wirtschaftsgut einzeln entscheiden, ob es dem Betriebsvermögen zugeordnet wird.

Auf den Sonderfall/das Wahlrecht bei untergeordneten Grundstücksteilen im Fall der eigenbetrieblichen Nutzung nach § 8 EStDV (vgl. oben unter A.VII.2.d) wird an dieser Stelle hingewiesen.

4. Steuerliche Besonderheiten: Anschaffungskosten von Gebäuden gem. § 6 Abs. 1 Nr. 1a EStG (anschaffungsnahe Herstellungskosten)

Im Grundsatz folgt das Steuerrecht dem handelsrechtlichen Anschaffungskostenbegriff des § 255 Abs. 1 HGB. Regelmäßig gab es vor den Finanzgerichten Auseinandersetzungen über die Qualifizierung von Aufwendungen als Herstellungskosten (die nur über Abschreibungen gewinnmindernd gelten gemacht werden können) oder als sofort abzugsfähige Erhaltungsaufwendungen von Gebäuden.

Der BFH hatte im Jahr 2001 seine Rechtsprechung zum sog. anschaffungsnahen Aufwand geändert[55] und ausgeurteilt, dass „sog. anschaffungsnahe Aufwendungen [sind] nicht allein wegen ihrer Höhe oder ihrer zeitlichen Nähe zur Anschaffung eines Gebäudes als Herstellungskosten

---

[55] BFH vom 12.09.2001 – IX R 39/97.

zu beurteilen [sind]; soweit sie nicht der Herstellung oder Erweiterung eines Gebäudes dienen, stellen sie nur dann Herstellungskosten dar, wenn sie zu seiner wesentlichen Verbesserung gem. § 255 Abs. 2 Satz 1 HGB führen" (Leitsatz).

Daraufhin hat der Gesetzgeber eine Änderung des § 6 Abs. 1 EStG vorgenommen und durch die Einführung des § 6 Abs. 1 Nr. 1a Satz 1 EStG pauschaliert festgelegt, dass auch Aufwendungen für Instandsetzungs- und Modernisierungsmaßnahmen, die innerhalb von drei Jahren nach Anschaffung des Gebäudes durchgeführt werden, zu den Herstellungskosten eines Gebäudes gehören, wenn diese Aufwendungen (ohne Umsatzsteuer) 15 % der Anschaffungskosten des Gebäudes übersteigen.

Dabei sind gem. § 6 Abs. 1 Nr. 1a Satz 2 EStG Aufwendungen nicht zu berücksichtigen, die Aufwendungen für Erweiterungen i. S. d. § 255 Abs. 2 Satz 1 HGB sind, sowie Aufwendungen für Erhaltungsarbeiten, die jährlich üblicherweise anfallen.

5. Abschreibungsregelungen im Steuerrecht

Die Absetzung für Abnutzung (AfA) ist im Steuerrecht zentral grundsätzlich in den §§ 7 bis 7k EStG geregelt. Bereits an der Anzahl der Buchstaben lässt sich erkennen, dass nicht nur eine umfangreiche Regelungsdichte für Abschreibungen vorliegt, sondern dieser Bereich eben auch häufigen Änderungen und/oder Ergänzungen unterliegt. Insbesondere in den §§ 7i bis 7i EStG finden sich viele Vorschriften, aus denen quasi Subventionen hervorgehen, da durch diese Regelungen ganz bestimmte, zumeist politisch gewollte, Vorteile gewährt werden (z. B. § 7h EStG „Erhöhte Absetzung bei Gebäuden in Sanierungsgebieten und städtebaulichen Entwicklungsbereichen").

Nachfolgend werden die Grundvorschriften des § 7 EStG, der Grundnorm der steuerlichen Abschreibung behandelt. Dabei behandeln die Absätze 1 bis 3 der Vorschrift die AfA bei „Nicht-Gebäuden" und die Absätze 4 bis 5a die AfA bei Gebäuden und sonstigen unbeweglichen Wirtschaftsgütern.[56]

---

[56] Hinsichtlich weiterer Abschreibungsvorschriften wird insbesondere verwiesen auf *Möllenbeck*, Einkommensteuerrecht I und II (Fachanwalt Steuerrecht Kurseinheit/Band 10 und 11).

a) Lineare AfA (§ 7 Abs. 1 Satz 1 bis 5 EStG)

Die lineare AfA regelt den Grundfall der Abschreibung von Wirtschaftsgütern des Anlagevermögens über den Zeitraum der betriebsgewöhnlichen Nutzungsdauer in gleichen Jahresbeträgen. Hinsichtlich der Berechnung und der Ermittlung der betriebsgewöhnlichen Nutzungsdauer (AfA-Tabelle) wird auf die Ausführungen zu A.V.5.c)aa) „Lineare Abschreibung" verwiesen.

Es wird darauf hingewiesen, dass es neben der AfA-Tabelle für die allgemein verwendeten Wirtschaftsgüter auch branchenspezifische AfA-Tabellen gibt, die die jeweiligen Besonderheiten hinsichtlich von Nutzungsdauern in den einzelnen Branchen (z. B. Transportgewerbe) berücksichtigen und auch von der Finanzverwaltung anerkannt werden.

Die lineare AfA ist „pro rata temporis" zu berechnen. Im Jahr der Anschaffung bestimmt § 7 Abs. 1 Satz 4 EStG ausdrücklich die vorzunehmende zeitanteilige Berechnung. Auch bei Ausscheiden des Wirtschaftsguts ist die AfA zeitanteilig vorzunehmen,[57] wobei in beiden Fällen zugunsten des Unternehmens jeweils der volle Monat des Beginns und des Endes der Abschreibungszeit berücksichtigt werden dürfen.

§ 7 Abs. 1 Satz 3 EStG bestimmt gesetzlich die steuerlich zu berücksichtigende Nutzungsdauer eines Geschäfts- oder Firmenwerts mit 15 Jahren.

Achtung bei Freiberuflerpraxen: Die Definition des Firmen- oder Geschäftswertes in diesem Sinne stimmt nicht mit dem Begriff des Praxiswertes überein. Für den Praxiswert ergibt sich regelmäßig durchaus eine andere Abschreibungsdauer, zumindest kann § 7 Abs. 1 S. 3 EStG nicht ohne weiteres auf den Praxiswert angewendet werden.[58]

---

[57] R 7.4 Abs. 8 EStR.
[58] Vgl. u.a. BFH vom 24.02.1994 – IV R 33/93 und BFH vom 29.04.2011 – VIII B 42/10.

b) Leistungs-AfA (§ 7 Abs. 1 Satz 6 EStG)

Die steuerliche Berücksichtigung von Leistungs-AfA als einer Form der Abschreibung wird durch § 7 Abs. 1 Satz 6 EStG als Alternative zur linearen, nach der Nutzungsdauer bemessenen Abschreibung für zulässig erklärt, sofern es wirtschaftliche Gründe hierfür gibt und der Nachweis über die jeweilige Jahresleistung gegenüber der Finanzbehörde geführt wird.

Die Leistungs-AfA ist demnach aber nur für bewegliche Wirtschaftsgüter des Anlagevermögens zulässig, sodass insbesondere immaterielle Wirtschaftsgüter (z. B. Konzessionen oder Software) nicht mittels der Leistungs-AfA abgeschrieben werden können.

c) Außerordentliche AfA (§ 7 Abs. 1 Satz 7 EStG)

Die AfA für außergewöhnliche technische oder wirtschaftliche Abnutzung (AfaA) ist für alle Wirtschaftsgüter zulässig, ausgenommen Wirtschaftsgüter, die degressiv abgeschrieben werden (vgl. § 7 Abs. 2 Satz 4 EStG).

Mit der AfaA sollen die Änderungen in Bezug auf die ursprüngliche Annahme der Nutzungsdauer und/oder Verteilung auf die entsprechenden Jahre durch besondere Umstände und über den normalen Wertverzehr hinaus Berücksichtigung finden.[59]

Sofern der Grund für die AfaA bei Personen, die ihre Gewinneinkünfte nach § 4 Abs. 1 oder § 5 EStG ermitteln, später wegfällt, hat eine Zuschreibung auf das betreffende Wirtschaftsgut zu erfolgen.

d) Degressive AfA (§ 7 Abs. 2 EStG)

[bei Anschaffungen vor 1. Januar 2011]

Die degressive AfA, als Absetzung in fallenden Jahresbeträgen, ist für bewegliche Wirtschaftsgüter des Anlagevermögens, die bis zum 31. Dezember 2010 angeschafft oder hergestellt wurden, möglich gewesen und ist daher auch noch in den Folgejahren als Fortführung der gewählten AfA-Art in Anlageverzeichnissen und der GuV ersichtlich (vgl. § 7 Abs. 2 a. F.).

---

[59] Vgl. auch *Kulosa*, in: Schmidt, § 7 Rn. 182.

[bei Anschaffungen in den Jahren 2020 und 2021]

Durch das zweite Corona-Steuerhilfegesetz der Bundesregierung vom 29. Juni 2020 wurde die degressive AfA für bewegliche Wirtschaftsgüter des Anlagevermögens, die in den Jahren 2020 und 2021 angeschafft oder hergestellt werden, wieder eingeführt (vgl. § 7 Abs. 2 EStG n. F.).

e) Wechsel der AfA-Art (§ 7 Abs. 3 EStG)

Ein Wechsel der AfA-Art von linear zu degressiv ist nicht zulässig. Möglich ist der Übergang von degressiver AfA zur linearen AfA. Die Berechnung der weiteren (linearen) jährlichen AfA erfolgt durch Division von Restbuchwert durch Restnutzungsdauer.

f) Gebäude-AfA (§ 7 Abs. 4, 5 EStG)

Bei nach den Grundsätzen für unbewegliche Wirtschaftsgüter (so auch u. U. „Mietereinbauten" vgl. oben A.VII.3.a)dd)) abzuschreibenden Bilanzpositionen bemisst sich die AfA nach § 7 Abs. 4 EStG und – abhängig vom Anschaffungs- oder Herstellungszeitpunkt– nach § 7 Abs. 5 EStG in den jeweils gültigen Fassungen. Insbesondere bei Bauten, die sich bereits seit Jahren in Bilanzen finden (Vertrag/Bauantrag vor 1. Januar 2006), ist anhand der Anwendungsvorschriften des § 52 Abs. 21b EStG zu prüfen, welche Möglichkeiten der Abschreibung für Gebäude gegeben sind bzw. waren. Auf neue Anschaffungs- oder Herstellungsfälle sind die Regelungen der degressiven Gebäude-AfA nicht anzuwenden.

Abgesehen von einem möglichen Nachweis einer geringeren Nutzungsdauer werden in § 7 Abs. 4 EStG unabhängig von der Gebäudenutzung oder auch Bauweise typisierte Nutzungsdauern für Gebäude festgelegt, die der linearen Gebäude-AfA zugrunde zu legen sind.

aa) Gebäude im Betriebsvermögen und nicht Wohnzwecken dienend sowie Bauantrag nach 31. März 1985

Sofern ein Gebäude zum Betriebsvermögen eines Steuerpflichtigen gehört und nicht Wohnzwecken dient und der Bauantrag für das Gebäude nach dem 31. März 1985 gestellt wurde, beträgt gem. § 7 Abs. 4 Nr. 1

EStG die (lineare) Abschreibung 3 % der Bemessungsgrundlage (AHK-Wert). Die Nutzungsdauer wird also mit 33 Jahren unterstellt.

bb) Sonstige Gebäude

Gebäude die die Voraussetzungen des § 7 Abs. 4 Nr. 1 EStG nicht erfüllen, sind in Abhängigkeit von ihrem Fertigstellungszeitpunkt abzuschreiben, wobei auch hier durch das Gesetz pauschaliert wird:

Gebäude in diesem Sinne, die vor dem 1. Januar 1925 fertig gestellt wurden, sind mit 2,5 % jährlich abzuschreiben (typisierte Nutzungsdauer 40 Jahre). Bei Fertigstellung nach dem 31. Dezember 1924 erfolgt die Abschreibung mit 2,0 % pro Jahr (typisierte Nutzungsdauer 50 Jahre).

Da es sich bei der AfA nach § 7 Abs. 4 EStG auch um eine lineare AfA handelt, erfolgt auch hier eine zeitanteilige Berücksichtigung des Jahresbetrags der Abschreibung im Fall des Beginns oder Endes der Abschreibung im laufenden Jahr.

g) Sonder-Abschreibung (§ 7g Abs. 5 EStG)

Ein Sonderfall der „Subventionen" für kleine und mittlere Betriebe stellt die Abschreibungsmöglichkeit nach § 7g Abs. 5 EStG dar.

Diese rein steuerlich vornehmbare (Wahlrecht!) Abschreibungsmöglichkeit erlaubt die Vornahme einer Sonderabschreibung für abnutzbare bewegliche Wirtschaftsgüter des Anlagevermögens i. H. v. insgesamt bis zu 20 % der AHK im Jahr der Anschaffung und den vier folgenden Jahren. Zwar werden auch in diesen Fällen natürlich nur 100 % der AHK abgeschrieben, jedoch kann eine Steuerung des steuerlichen Gewinns in einem gesteckten Rahmen durch die Wahl dieser Sonder-AfA erfolgen.

Die Inanspruchnahme dieser Sonderregelung ist nicht mehr abhängig von einer vorherigen Rückstellungsbildung i. S. d. § 7g Abs. 1 EStG (a.F.).

Auch ist die Inanspruchnahme unabhängig von einer etwaigen Berücksichtigung eines Investitionsabzugsbetrags nach § 7g Abs. 1 Satz 1 EStG (n.F.).

Die Voraussetzungen für die Sonderabschreibung nach § 7g Abs. 5 EStG sind in § 7g Abs. 6 EStG mit Verweis auf die Größenmerkmale des § 7g Abs. 1 EStG geregelt.

Insbesondere muss ein kleiner oder mittlerer Betrieb i. S. d. § 7g Abs. 1 Satz 2 Nr. 1 EStG vorliegen, d. h., die dort genannten Größenmerkmale dürfen nicht überschritten sein. Ferner muss das betreffende Wirtschaftsgut im Jahr der Anschaffung oder Herstellung und im darauffolgenden Wirtschaftsjahr in einer inländischen Betriebsstätte des Betriebs ausschließlich oder fast ausschließlich betrieblich genutzt werden.

h) Geringwertige Wirtschaftsgüter (§ 6 Abs. 2 EStG)

Die Regelungen zu den geringwertigen Wirtschaftsgütern lassen die Berücksichtigung bestimmter, der Höhe nach begrenzter Anschaffungskosten als sofortigen, gewinnmindernden Aufwand zu.

Selbstständig nutzungsfähige bewegliche Wirtschaftsgüter des Anlagevermögens, deren AHK-Wert (netto) einen Betrag i. H. v. € 800) nicht übersteigt, können (Wahlrecht) im Jahr der Anschaffung, Herstellung oder Einlage in voller Höhe als Betriebsausgaben geltend gemacht werden.

Übersteigt der Wert des betreffenden Wirtschaftsguts € 250) ist bei Inanspruchnahme des Wahlrechts das Wirtschaftsgut mit weiteren Angaben in ein gesondertes (Anlage-)Verzeichnis aufzunehmen (§ 6 Abs. 2 Satz 4 EStG), sofern nicht die geforderten Angaben aus der Buchführung ersichtlich sind.

i) Sammelposten (§ 6 Abs. 2a) EStG)

Für Wirtschaftsgüter mit einem Wert zwischen € 250) und € 1.000 besteht zudem das Wahlrecht der Bildung eines (steuerlichen) Sammelpostens. Darin sind dann alle wertmäßig zuzuordnenden Wirtschaftsgüter des Wirtschaftsjahres gesammelt aufzunehmen und über fünf Jahre abzuschreiben (linear 20 %). Es erfolgt keine zeitanteilige Abschreibung (keine AfA pro rata temporis).

Bei Ausscheiden eines einzelnen Wirtschaftsguts des Sammelpostens erfolgt keine gesonderte Berücksichtigung! Der gesamte Sammelposten wird weiterhin in der Höhe abgeschrieben, in der er ursprünglich bestanden hat. Dabei wird quasi fingiert, dass kein Abgang eines Wirtschaftsguts erfolgt ist.

Nach § 6 Abs. 2a Satz 5 EStG ist das Wahlrecht auf Bildung des Sammelpostens hinsichtlich der in einem Wirtschaftsjahr angeschafften Wirtschaftsgüter einheitlich auszuüben, sodass nicht für einen Gegenstand im Wert von € 750 eine reguläre Abschreibung erfolgen kann und für einen anderen Gegenstand im Wert von € 800 eine Aufnahme in den Sammelposten erfolgt.

6. Sonderfall Investitionsabzugsbeträge zur Förderung kleiner und mittlerer Betriebe (§ 7g Abs. 1 EStG)

Die Regelungen zum Investitionsabzugsbetrag sind Folgeregelungen zu der sog. „§ 7g-Rücklage für Existenzgründer und Kleinbetriebe" oder auch „Ansparabschreibung".

In Bezug auf die beabsichtigte, künftige Anschaffung von beweglichen Wirtschaftsgütern des Anlagevermögens gibt § 7g Abs. 1 EStG die Möglichkeit, bereits vor der Anschaffung einen Betrag von 50 % der voraussichtlichen AHK gewinnmindernd geltend zu machen.

Dieser Abzug des Investitionsabzugsbetrags erfolgt außerhalb der Bilanz – auch außerhalb der Steuerbilanz – in einer Nebenrechnung zur Ermittlung des steuerlichen Gewinns als sogenannte außerbilanzielle Kürzung. Dabei war das Wirtschaftsgut nur für einschließlich der bis zum 31. Dezember 2015 endenden Wirtschaftsjahre[60] nach seiner Funktion zu benennen (§ 7g Abs. 1 Satz 2 Nr. 3 EStG a. F.).

Hinweis: Gem. § 7g Abs. 1 Nr. 2 EStG sind die Summen der Abzugsbeträge und die zuzurechnenden oder rückgängig zu machenden Beträge nach amtlich vorgeschriebenen Datensätzen durch Datenfernübertragung an die Finanzbehörde zu übermitteln.

Wird das Wirtschaftsgut in einem Folgejahr angeschafft, sind, sofern der gebildete Investitionsabzugsbetrag nicht fortgeführt und für eine spätere Investition verwendet werden soll, 50 % der AHK, maximal jedoch die Höhe des in Anspruch genommenen Investitionsabzugsbetrags, im Jahr

---

[60] Änderungen des § 7g EStG durch das Steueränderungsgesetz vom 02.11.2015 (BGBl 2015 I S. 1834); auch hinsichtlich der funktionalen Benennung.

der Anschaffung außerhalb der Bilanz dem Gewinn wieder hinzuzurechnen (§ 7g Abs. 2 Satz 1 EStG).

Wirtschaftlich soll damit dem Unternehmer der Steuervorteil aus dem Jahr des Abzugs des Investitionsabzugsbetrags zur Finanzierung des Wirtschaftsguts zur Verfügung gestellt werden; zudem entsteht ein Zinsvorteil.

Eine weitere Milderung der Hinzurechnung im Jahr der Anschaffung bietet § 7g Abs. 2 Satz 3 EStG. Hier wird ein Wahlrecht eingeräumt, den AHK-Wert des angeschafften Wirtschaftsguts im Anschaffungsjahr um bis zu 40 % (maximal in Höhe des Investitionsabzugsbetrags) gewinnmindernd zu senken. Hierdurch gleicht sich im Jahr der Anschaffung die gewinnerhöhende Hinzurechnung des Investitionsabzugsbetrags vollständig aus.

Diese Herabsetzung des AHK-Werts bedeutet jedoch zugleich die Herabsetzung der Bemessungsgrundlage für die Abschreibung. Diese ist sodann nämlich von dem geminderten AHK-Wert zu berechnen.

Über die Jahre der Nutzungsdauer bzw. der Abschreibungsdauer hinweg werden somit geringere Abschreibungsbeträge berücksichtigt und der Vorteil gleicht sich über die Jahre wieder aus.[61]

7. Steuerliche Bewertungsvorschriften

Zentrale Vorschrift zur Bewertung von Wirtschaftsgütern des steuerlichen Betriebsvermögens i. S. d. §§ 4 Abs. 1 und 5 Abs. 1 EStG ist § 6 EStG.

a) Steuerlicher Begriff des Teilwerts (§ 6 Abs. 1 Nr. 1 Satz 3 EStG)

Auf den „Teilwert" ist nach dem Steuerrecht in vielen Fällen zurückzugreifen. Teilwert ist nach der Legaldefinition des § 6 Abs. 1 Nr. 1 Satz 3 EStG „der Betrag, den ein Erwerber des ganzen Betriebes im Rahmen des Gesamtkaufpreises für das einzelne Wirtschaftsgut ansetzen würde" unter der Annahme, dass der Erwerber den Betrieb fortführt.

---

[61] Für weitere Einzelheiten zu den Voraussetzungen (Größenmerkmale, Verbleibensdauer, betriebliche Nutzungsdauer) wird verwiesen auf *Möllenbeck*, Einkommensteuerrecht I und II (Fachanwalt Steuerrecht Kurseinheit/Band 10 und 11).

Es ist dabei also nicht der einzeln betrachtete Wert des jeweiligen Wirtschaftsguts isoliert zu berücksichtigen, sondern der Wert, den ein Erwerber bei einem Kauf des Gesamtunternehmens genau für dieses Wirtschaftsgut zahlen würde. Dieser steuerliche Teilwert kann durchaus abweichen von einem Verkehrswert. So kann eine bestimmte Maschine für einen Betriebserwerber aufgrund besonderer Anfertigung mehr Wert haben, als auf dem allgemeinen Markt für diese Maschine erzielbar wäre. Zugleich können einzelne Wirtschaftsgüter aus verschiedenen Gründen von einem Erwerber ggf. nicht mehr genutzt werden, weil das Know-how nicht entsprechend vorhanden ist, sodass zwar der Betrieb übernommen wird, aber die Fertigung vollkommen anders ablaufen muss.

b) Abnutzbare Wirtschaftsgüter des Anlagevermögens (§ 6 Abs. 1 Nr. 1 EStG)

Die Wirtschaftsgüter des abnutzbaren Anlagevermögens sind mit den AHK-Wert abzüglich Abschreibung und etwaige Abzüge nach steuerlichen Vorschriften zu bewerten und in der steuerlichen Bilanz zu berücksichtigen.

Nach § 6 Abs. 1 Nr. 1 Satz 2 EStG besteht das *Wahlrecht*, Wirtschaftsgüter, deren Teilwert aufgrund einer voraussichtlich dauerhaften Wertminderung niedriger ist, mit dem niedrigeren Teilwert anzusetzen. Diesen Ansatz mit dem niedrigeren Teilwert bezeichnet man auch als Teilwertabschreibung.

c) Wertaufholungsgebot (§ 6 Abs. 1 Nr. 1 Satz 4 EStG)

Ist der Wert des Wirtschaftsguts an nachfolgenden Bilanzstichtagen wieder gestiegen, so besteht nach § 6 Abs. 1 Nr. 1 Satz 4 EStG der Zwang, das Wirtschaftsgut nach dem nach § 6 Abs. 1 Nr. 1 Satz 1 EStG ermittelten Wert anzusetzen, sofern nicht durch den Unternehmer der Nachweis des geringeren Teilwerts erneut geführt wird. Es wird somit wieder zugeschrieben bzw. der „Wert aufgeholt" (Wertaufholungsgebot).

d) Andere Wirtschaftsgüter (§ 6 Abs. 1 Nr. 2 EStG)

Die Wirtschaftsgüter des Grund und Bodens, Beteiligungen und Wirtschaftsgüter des Umlaufvermögens sind mit den AHK-Werten vermindert um etwaige steuerliche Abzüge in der Steuerbilanz zu berücksichtigen. Auch für diese Wirtschaftsgüter gelten die Möglichkeit der Teilwertabschreibung und das Wertaufholungsgebot.

e) Verbindlichkeiten (§ 6 Abs. 1 Nr. 3 EStG)

Hinsichtlich der Bewertung von Verbindlichkeiten wird gesetzlich auf die sinngemäße Anwendung der Vorschriften über die Bewertung der „anderen" Wirtschaftsgüter i. S. d. § 6 Abs. 1 Nr. 2 EStG verwiesen. Für Verbindlichkeiten gilt damit grundsätzlich der Ansatz mit den AHK. Die Anschaffungskosten einer Verbindlichkeit sind in ihrem Erfüllungsbetrag i. S. d. § 253 Abs. 1 Satz 2 HGB zu sehen.[62] In Anlehnung an die handelsrechtlichen Vorschriften ist auch gem. § 6 Abs. 1 Nr. 3 EStG eine Verbindlichkeit zunächst mit dem Rückzahlungsbetrag (Nennbetrag) zu bewerten.[63] Nach Änderung des HGB durch das Bilanzrechtsmodernisierungsgesetz ist auch nunmehr im Sprachgebrauch allerdings vom Erfüllungsbetrag auszugehen.

Handelt es sich um unverzinsliche Verbindlichkeiten mit einer Laufzeit am Abschlussstichtag von nicht weniger als zwölf Monaten, die nicht durch eine Anzahlung oder Vorausleistung begründet sind, muss nach § 6 Abs. 1 Nr. 3 Satz 1, 2 EStG eine Abzinsung mit einem in Satz 1 festgelegten Zinssatz von 5,5 % erfolgen.[64]

Beispiele zur Abzinsung einer in (einer!) Summe zu tilgenden unverzinslichen Verbindlichkeit (Fälligkeitsdarlehen)

Am 31. Dezember 01 besteht für das bilanzierende Unternehmen B. eine unverzinsliche Verbindlichkeit i. H. v. € 100.000. Die Rückzahlung des Betrags ist in einer Summe fällig am 31. März 03.

---

[62] Vgl. *Kulosa*, in: Schmidt, § 6 Rn. 441.
[63] Vgl. BFH vom 15.07.1998 – I R 24/96 – (vor BilMOG).
[64] Zu den Einzelheiten der Abzinsung von Verbindlichkeiten (und Rückstellungen) besteht ein ausführliches BMF-Schreiben vom 26.05.2005 – IV B 2 – S 2175- 7/05 –, in: BStBl. I 2005, 699.

Als erster Schritt erfolgt die Bewertung mit dem Erfüllungsbetrag von € 100.000, sodann ist wie folgt rechnerisch abzuzinsen:

Die Restlaufzeit der Verbindlichkeit beträgt am Bilanzstichtag 31. Dezember 01 noch ein Jahr und drei Monate. Bei Anwendung der Vereinfachungsregelungen des BMF-Schreibens vom 26. Mai 05[65] ist der maßgebende Vervielfältiger nach Anlage 2 des BMF-Schreibens wie folgt zu interpolieren:

Vervielfältiger für 2 Jahre:	0,898
Vervielfältiger für 1 Jahr:	0,948
Differenz:	− 0,050
davon 3/12	− 0,013
interpoliert (0,948 − 0,013):	**0,935**

Mit diesem (interpolierten) Vervielfältiger ist sodann der Erfüllungsbetrag abzuzinsen, sodass nach steuerlichen Vorschriften eine Bewertung der Verbindlichkeit am 31. Dezember 01 i. H. v. € 93.500 (= € 100.000 x 0,935) erfolgt.

Abwandlung:

Fälligkeit der Rückzahlung in einer Summe am 14. Februar 04.

Laufzeit der Verbindlichkeit am Bilanzstichtag damit noch zwei Jahre, ein Monat und 14 Tage.

Berechnung/Interpolation:

Vervielfältiger für 3 Jahre:	0,852
Vervielfältiger für 2 Jahre:	0,898
Differenz:	− 0,046
davon (1/12 + 14/365)[66]	− 0,006
interpoliert (0,898 − 0,006):	**0,892**

Damit erfolgt ein steuerlicher Wertansatz am 31. Dezember 01 mit € 89.200.

---

[65] BStBl I 2005, 699.
[66] Nach Rz. 3 des BMF-Schreibens vom 26.05.2005 ist aus Vereinfachungsgründen das Kalenderjahr mit 360 Tagen, jeder volle Monat mit 30 Tagen, der Monat, in dem der Fälligkeitstag liegt, mit der Anzahl der tatsächlichen Tage einschließlich des Fälligkeitstages, höchstens jedoch mit 30 Tagen gerechnet werden. So wäre auch hier eine Berechnung mit 360 Tagen zulässig

Der jeweils durch die (erstmalige) Abzinsung entstehende Ertrag ist als „außerordentlicher Ertrag" (nicht finanzwirksam), die in den Folgejahren durch Neubewertung (Aufzinsung) entstehenden Erträge als „außerordentlicher Ertrag" (nicht finanzwirksam) zu verbuchen.

f) Rückstellungen (§ 6 Abs. 1 Nr. 3a lit. a bis f EStG)

Steuerlich sind die für einzelne Rückstellungen für Verpflichtungen ermittelten Werte gem. § 6 Abs. 1 Nr. 3a lit. e EStG mit einem Zinssatz von 5,5 % abzuzinsen.

Ein großer Unterschied zur handelsrechtlichen Bewertung von Rückstellungen zeigt sich in der Frage der Berücksichtigung von zukünftigen Preissteigerungen bei der Bewertung der Rückstellung. Nach § 6 Abs. 1 Nr. 3a lit. f EStG dürfen künftige Preis- und Kostensteigerungen keinesfalls Berücksichtigung finden. Maßgeblich sind die Wertverhältnisse am Bilanzstichtag. Somit ist steuerlich nicht der voraussichtliche Erfüllungsbetrag (vgl. oben A.V.5.g) entscheidend, sondern der sich fiktiv am Bilanzstichtag ergebende Erfüllungsbetrag.

Sofern Rückstellungen für Sachleistungsverpflichtungen gebildet werden, sind diese nach § 6 Abs. 1 Nr. 3a lit. b EStG mit den Einzelkosten und den angemessenen Teilen der notwendigen Gemeinkosten zu bewerten.

Für den Fall, dass mit der zukünftigen Erfüllung der Verpflichtung Vorteile verbunden sein werden, erfolgt vorrangig die Berücksichtigung dieser Vorteile als Forderung. Sofern dies (z. B. aus rechtlichen Gründen) noch nicht erfolgen kann, sind die Vorteile bei der Bewertung der Rückstellung für die entsprechende Verpflichtung wertmindernd zu berücksichtigen.

g) Entnahmen (§ 6 Abs. 1 Nr. 4 EStG)

Als Entnahmen bezeichnet man die Nutzung – und damit auch die vollständige Entfernung eines Wirtschaftsguts aus dem Betriebsvermögen – von Wirtschaftsgütern des Betriebsvermögens für betriebsfremde Zwecke. In Anlehnung an die früher umsatzsteuerlich bestehenden Begrifflichkeiten können die Begriffe der Sachentnahme und der Leistungsentnahme dienen.

Bei der Sachentnahme handelt es sich um die vollständige Entnahme eines Wirtschaftsguts wie die Überführung in das Privatvermögen des Unternehmers. Bei der Leistungsentnahme werden Nutzungen und/oder Leistungen des Betriebs oder von Gegenständen des Betriebs privat verbraucht (z. B. private Telefonnutzung durch den Unternehmer oder nahestehende Personen).

aa) Allgemeine Entnahmen

Entnahmen aus dem Betriebsvermögen für betriebsfremde Zwecke sind grundsätzlich gem. § 6 Abs. 1 Nr. 4 Halbsatz 1 EStG mit dem Teilwert zu bewerten. Zum Begriff des Teilwerts siehe oben unter A.VII.7.a).

Wird ein Wirtschaftsgut dergestalt genutzt, dass der daraus entstehende Gewinn nicht oder nur eingeschränkt dem Besteuerungsrecht der Bundesrepublik Deutschland unterliegt, so ist dies als eine Entnahme zu werten, insbesondere dann, wenn eine örtliche Zuordnung eines Wirtschaftsguts von einer inländischen Betriebsstätte in eine ausländische Betriebsstätte erfolgt (§ 4 Abs. 1 Satz 3, 4 EStG). Dadurch wird in der Regel nach den bestehenden Doppelbesteuerungsabkommen für die Bundesrepublik Deutschland das Besteuerungsrecht für Gewinne aus diesem Gegenstand genommen.

Für solche als Entnahme zu betrachtenden Sachverhalte erfolgt die Bewertung der Entnahme gem. § 6 Abs. 1 Nr. 4 Halbsatz 2 EStG mit dem gemeinen Wert.

Für den Fall, dass bei einer Sachentnahme das Wirtschaftsgut nach der Entnahme unmittelbar für steuerbegünstigte Zwecke unentgeltlich überlassen wird (z. B. Spende des Firmen-Bullis an einen gemeinnützigen Verein), kann gem. § 6 Abs. 1 Nr. 4 Satz 4 EStG eine Bewertung der Entnahme auch mit dem Buchwert (und damit ohne Aufdeckung von stillen Reserven) erfolgen.

bb) Private Kfz-Nutzung (1 %-Regelung)

Für die private Nutzung von Kfz, *die zu mehr als 50 % betrieblich genutzt werden,* wurde die sog. 1 %-Regel zur pauschalen Bewertung der Nutzungs-/Leistungsentnahme eingeführt.[67]

Gem. § 6 Abs. 1 Nr. 4 Satz 2 EStG hat die Bewertung dieser Privatfahrten für jeden Kalendermonat grundsätzlich mit 1 % des inländischen Listenpreises im Zeitpunkt der Erstzulassung zuzüglich der Kosten der Sonderausstattung einschließlich Umsatzsteuer zu erfolgen.

Beispiel (ohne Beachtung der umsatzsteuerlichen Besonderheiten):

Unternehmer A. erwirbt am 1. Juli 2011 einen Pkw (Bj. 2009) zu einem Kaufpreis von brutto € 12.000 für sein Unternehmen und nutzt diesen zu 60 % für betriebliche Zwecke. Der Bruttolistenneupreis für dieses Fahrzeug beträgt € 18.000.

A. hat in seiner steuerlichen Buchführung monatlich einen Betrag von 180 € (1% x € 18.000) als Entnahme zu erfassen gem. §§ 4 Abs. 1 Satz 2, 6 Abs. 1 Nr. 4 Satz 2 EStG.

Die jeweilige Buchung lautet dann:

Unentgeltliche Wertabgaben (Entnahmen)
an
Verwendung von Gegenständen für
Zwecke außerhalb des Unternehmens
(Kfz-Nutzung)

Auf die Regelung des § 4 Abs. 5 Nr. 6 EStG hinsichtlich etwaiger Fahrten des Unternehmers zwischen Wohnung und Arbeitsstätte mit dem Pkw wird an dieser Stelle nur hingewiesen[68].

---

[67] Vgl. hierzu ergangenes BMF-Schreiben vom 18.11.2009 – IV C 6 – S 2177/07/10004 –, in: BStBl. I 2009, 1326.
[68] Vgl. hierzu auch BFH vom 20.08.2015 – III B 108/14.

Es bleibt dem Unternehmer (insbesondere bei einer Nutzung unter 50 %) unbenommen, den Umfang der tatsächlichen Privatnutzung anhand eines ordnungsgemäßen Fahrtenbuches[69] nachzuweisen.[70]

Zu den Einzelheiten der Bewertung der privaten Kfz-Nutzung hat das BMF mit Schreiben vom 18. November 2009[71] ausführlich Stellung genommen. Die Rechtsprechung zu diesem Problemkreis überholt die Verwaltungsauffassung jedoch durchaus in Einzelfällen und muss daher sorgfältig beobachtet werden.

Als Anreiz zur Förderung der Elektromobilität kann bei der privaten Nutzung von Fahrzeugen mit Elektromotoren oder von extern aufladbaren Hybridelektrofahrzeugen der Listenpreis dieser Kraftfahrzeuge mit einem Viertel oder Hälftig anzusetzen sein (§ 6 Abs. 1 Nr. 4 S. 2 a. E. ff. EStG).

h) Einlagen (§ 6 Abs. 1 Nr. 5 EStG)

Die Bewertung von Einlagen, also Zuflüssen von Wirtschafsgütern aus der außerbetrieblichen Sphäre in die betriebliche Sphäre,[72] erfolgt gem. § 6 Abs. 1 Nr. 5 Satz 1 Halbsatz 1 EStG grundsätzlich mit dem Teilwert im Zeitpunkt der Zuführung der Einlage.

Erfolgt die Einlage innerhalb von drei Jahren nach Anschaffung oder Herstellung des betreffenden Wirtschaftsguts, stellen die AHK jedoch die Obergrenze der Bewertung der Einlage dar (§ 6 Abs. 1 Nr. 5 Satz 1 Halbsatz 2 lit. a EStG). Selbiges gilt bei der Einlage eines Anteils an einer Kapitalgesellschaft, an der der Unternehmer i. S. d. § 17 EStG wesentlich beteiligt ist (§ 6 Abs. 1 Nr. 5 Satz 1 Halbsatz 2 lit. b EStG) und bei Wirtschaftsgütern i. S. d. § 20 Abs. 2 EStG (§ 6 Abs. 1 Nr. 5 Satz 1 Halbsatz 2 lit. c EStG).

Handelt es sich um die Einlage eines abnutzbaren Wirtschaftsguts, so sind die AHK um die AfA-Beträge zu kürzen, die auf den Zeitraum zwischen Anschaffung und Einlage entfallen (§ 6 Abs. 1 Nr. 5 Satz 2 EStG).

---

[69] Zur Ordnungsmäßigkeit des Fahrtenbuches siehe insbesondere BFH vom 10.04.2008 – VI R 38/06 und BFH vom 01.03.2012 – VI R 33/10.
[70] Vgl. auch BFH vom 03.08.2000 – III R 2/00.
[71] BStBl. I 2009, 1326.
[72] Legaldefinition siehe § 4 Abs. 1 Halbsatz 1 EStG.

Wird ein Wirtschaftsgut aus einem anderen Betriebsvermögen entnommen und dann in ein Betriebsvermögen eingelegt, ist die Einlage mit dem Wert zu bewerten, mit dem die Entnahme angesetzt worden ist. Zudem ist dabei der Entnahmezeitpunkt als Zeitpunkt der Anschaffung bzw. Herstellung anzusehen (§ 6 Abs. 1 Nr. 5 Satz 3 EStG).

B. Steuerliche Besonderheiten im Hinblick auf die Rechtsform

Nachfolgend erfolgt ein Überblick über die in Deutschland wohl häufigsten Rechtsformen mit Hinweisen auf deren etwaige Besonderheiten bei der bilanziellen und/oder steuerlichen Behandlung.

Neben der Anmeldung von Gewerben über die Kommunen besteht bei jedweder Aufnahme einer Erwerbstätigkeit oder Gründung einer Körperschaft im Sinne des Steuerrechts die Verpflichtung, dies unter anderem auch bei den zuständigen Finanzämtern anzuzeigen (§§ 137 ff. AO). Neben den rein steuerlichen Verpflichtungen ergeben sich vielfältige Meldepflichten, z. B. gegenüber der Bundesagentur für Arbeit, Krankenkassen, Berufsgenossenschaften, berufsständischen Organisationen (Selbstverwaltungskörperschaften), etc.

I. Einzelunternehmen

1. Einzelunternehmen/Freiberufler (ohne Eintragung im Handelsregister)

Sofern nicht eine Gewerbeuntersagung (z. B. nach § 35 GewO) oder etwaige berufsrechtliche Einschränkungen bestehen, hat jede natürliche Person die Möglichkeit, eine betriebliche/unternehmerische Tätigkeit in Form eines Einzelunternehmens auszuüben.

Bei Vorliegen eines Gewerbebetriebs hat gegenüber der zuständigen kommunalen Behörde (Gemeinde) die (kostenpflichtige) Gewerbeanmeldung zu erfolgen. Sind die Merkmale eines Gewerbebetriebs nicht gegeben (z. B. wegen freiberuflicher Tätigkeit als Rechtsanwalt, Steuerberater, o. Ä.) besteht insoweit keine Verpflichtung zur Anmeldung der Aufnahme der Tätigkeit gegenüber der Gemeinde.

Erfolgt die Gewerbeanmeldung, informiert die Gemeinde u. a. auch die Finanzbehörden über den Beginn der gewerblichen Tätigkeit.

Unabhängig von einer Gewerbeanmeldung ist der Beginn einer betrieblichen Tätigkeit (Erwerbstätigkeit) gem. § 138 AO dem zuständigen Finanzamt anzuzeigen. Letzteres gilt nicht nur für die Einzelunternehmen, sondern für jegliche Rechtsformen.

2. Einzelkaufmann

Ist der Einzelunternehmer im Handelsregister (A) eingetragen oder überhaupt Kaufmann i. S. d. § 1 HGB, bestehen neben dem Recht der Führung einer eigenen „Firma"/Firmierung selbstverständlich die allgemeinen Rechte und Verpflichtungen nach den Vorschriften für Kaufleute nach dem HGB. Neben den Besonderheiten der Handelsgeschäfte nach dem Vierten Buch des HGB (§§ 343 ff. HGB) sind dies insbesondere auch die bilanziellen Vorschriften unter Berücksichtigung der Möglichkeit der Befreiung von bestimmten Pflichten nach § 241a HGB.

II. Personalistisch strukturierte Gesellschaften

Steuerlich sind personalistisch strukturierte Gesellschaften regelmäßig als sog. Mitunternehmerschaften zu bewerten. Sie sind nur partiell steuerrechtsfähig. Sie unterliegen nicht der Einkommensteuer oder Körperschaftssteuer, sind jedoch ggf. Unternehmer i. S. d. § 2 UStG und schulden dann die Umsatzsteuer. Die Gesellschaft ist Steuerpflichtiger im Sinne des Steuerrechts.

Zur Ermittlung der anteiligen ertragsteuerlichen Einkünfte der Gesellschafter aus der GbR erfolgt ein Feststellungsverfahren (gesonderte und einheitliche Feststellung) i. S. d. §§ 179, 180 Abs. 1 Nr. 2 a) AO. Dabei werden im Rahmen dieses Feststellungsverfahrens die Einkünfte der Beteiligten ermittelt, durch Feststellungsbescheid festgestellt und im Anschluss bei den einzelnen Beteiligten zur Ertragsteuer (Einkommensteuer oder Körperschaftsteuer) berücksichtigt.

1. Personengesellschaften

a) GbR (§§ 705 ff. BGB)

Die Gesellschaft bürgerlichen Rechts (GbR) oder auch BGB-Gesellschaft (§§ 705 ff. BGB) ist der Zusammenschluss von mindestens zwei Personen zur Erreichung eines gemeinsamen Zwecks, die sich gesellschaftsvertraglich (keine Schriftform vorgeschrieben) dazu verpflichten, den gemeinsamen Zweck zu fördern.

Eine Firmierung im Sinne des HGB kann es nicht geben, da es sich nicht um eine kaufmännische Gesellschaftsform handelt. Übt die Gesellschaft ein Handelsgewerbe aus, überschreitet sie also vereinfacht gesagt, die Schwelle zur notwendigen kaufmännischen Organisation i. S. d. § 1 Abs. 2 HGB, liegt keine GbR, sondern eine Personenhandelsgesellschaft (oHG oder ggf. KG) vor.

b) Partnerschaftsgesellschaft nach dem Partnerschaftsgesellschaftsgesetz

Die Rechtsform der Partnerschaftsgesellschaft nach dem Partnerschaftsgesellschaftsgesetz (PartGG) ist den Angehörigen der freien Berufe i. S. d. § 1 Abs. 2 Satz 2 PartGG vorbehalten. Sie ähnelt strukturell sehr der GbR (vgl. § 1 Abs. 4 PartGG), wird jedoch im Register eingetragen (Partnerschaftsregister) und ist insbesondere hinsichtlich der Haftung der einzelnen Gesellschafter für eigenständig erbrachte Leistungen mit einem Privileg ausgestattet.

Nach § 8 Abs. 2 PartGG haften, sofern nur einzelne Partner mit der Bearbeitung eines Auftrags befasst waren, nur diese Partner neben der Partnerschaftsgesellschaft für berufliche Fehler. Die persönliche Haftung eines nicht mit der Angelegenheit beauftragten Partners wird hierdurch ausgeschlossen. Diese Haftungsbeschränkung wird allerdings insbesondere in größeren Zusammenschlüssen und bei gemeinsamer Projektarbeit (z. B. Umwandlungen von Unternehmen) nur noch schwer durchsetzbar sein und beinhaltet daher auch schwierige Beweisführungen im Fall eines Haftungsprozesses.

Als Partner kommen nur natürliche Personen in Betracht; die Gründung durch den Partnerschaftsvertrag bedarf gem. § 3 Abs. 1 PartGG der Schriftform. Lediglich die Anmeldung zur Eintragung muss elektronisch in öffentlich beglaubigter Form erfolgen (§ 5 Abs. 2 PartGG i. V. m. § 12 HGB).

Zwar liegt aufgrund der Beschränkung dieser Rechtsform auf die freien Berufe der Gedanke nahe, dass die Beteiligten nur Einkünfte aus selbstständiger Arbeit i. S. d. § 18 EStG erzielen könnten, diese Zwangsläufigkeit besteht jedoch nicht. Zur Einordnung der Einkunftsart bedarf es immer der Prüfung der einzelnen Tatbestandsmerkmale des Einkommensteuergesetzes.

c) Partnerschaftsgesellschaft mit beschränkter Berufshaftung (PartG mbB)

Aufgrund der zunehmenden Tendenz von insbesondere auch Anwälten, Steuerberatern und Wirtschaftsprüfern, eine haftungsbeschränkte Rechtsform außerhalb der GmbH zu wählen und dafür die englische Rechtsform der Limited Liability Partnership (LLP) zu nutzen, wurde seitens des BMJ Anfang des Jahres 2012 ein Referentenentwurf zur Änderung des Partnerschaftsgesellschaftsgesetzes vorgestellt. Das Bundeskabinett stimmte dem Gesetzentwurf zu und brachte diesen in das Gesetzgebungsverfahren ein.[73] Der Bundesrat hat dem Gesetz am 5. Juli 2013 zugestimmt. Am 19. Juli 2013 ist das Gesetz in Kraft getreten.

Es wird gem. § 8 Abs. 4 PartGG die Begrenzung der berufsbezogenen Haftung auf das Gesellschaftsvermögen ermöglicht. Die neue Rechtsform

---

[73] BT-Drucksache 17/10487.

ist dabei neben die weiterhin mögliche (ursprüngliche) Partnerschaftsgesellschaft getreten. Außerdem ist die steuerliche Behandlung als Personengesellschaft auch für die PartG mbB bestehen geblieben.

Ferner wird weiterhin grundsätzlich nur die berufsbezogene Haftung begrenzt und nicht die weitergehende Haftung (z. B. aus Mietverträgen, Arbeitsverträgen etc.).

2. Personenhandelsgesellschaften

Personenhandelsgesellschaften betreiben entweder ein Handelsgewerbe i. S. d. § 1 Abs. 2 HGB oder fallen nach § 6 Abs. 1 HGB unter die Anwendung der Vorschriften für Kaufleute nach dem HGB. Sofern kein Handelsgewerbe betrieben wird (z. B. Verwaltung nur eigenen Vermögens) erlangen die Gesellschaften spätestens durch entsprechende Eintragung im Handelsregister den Status ihrer Rechtsform (vgl. §§ 105 Abs. 2, 161 Abs. 2 HGB). Es handelt sich um eine Sonderform der GbR; entsprechend sind grundsätzlich ergänzend gem. § 105 Abs. 3 HGB die Vorschriften zur GbR anzuwenden.

Besonderheiten insbesondere nach den handelsrechtlichen Rechnungslegungsvorschriften ergeben sich gem. § 264a HGB, sofern keiner der Gesellschafter der oHG oder KG eine natürliche Person oder eine oHG, KG oder andere Personengesellschaft mit natürlicher Person als persönlich haftendem Gesellschafter ist. Für diese Personenhandelsgesellschaften gelten mit einzelnen Einschränkungen insbesondere die Regelungen zur Veröffentlichungspflicht und zur Rechnungslegung etc. der Kapitalgesellschaften nach den §§ 264 bis 330 HGB.

Bilanziell erfolgt in der Regel die Führung von mindestens zwei gesonderten Kapitalkonten bzw. die Führung von Unterkapitalkonten eines jeden Gesellschafters.

Zur Darstellung der grundsätzlichen Beteiligungsverhältnisse an der Personenhandelsgesellschaft werden in der Regel sog. Festkapitalkonten geführt, die die jeweilige Beteiligung widerspiegeln. Diese Konten werden zumeist nur bei Einstieg eines Gesellschafters/Gründung der Gesellschaft angesprochen oder bei der Änderung der Kapitalbeteiligung. Daneben wird mindestens je ein sog. variables Kapitalkonto geführt, auf dem sich der sonstige Zahlungsverkehr zwischen der Gesellschaft und dem jeweiligen Gesellschafter darstellt (laufende Entnahmen/Einlagen/unentgeltliche Wertabgaben).

a) Offene Handelsgesellschaft (oHG) (§§ 105 ff. HGB)

Die oHG zeichnet sich durch den Betrieb eines Handelsgewerbes durch eine Gesellschaft unter gemeinsamer Firma aus, bei der bei keinem der Gesellschafter die Haftung gegenüber den Gesellschaftsgläubigern beschränkt ist (§ 105 Abs. 1 HGB).

Die Gesellschafter haften also persönlich, gesamtschuldnerisch, unbeschränkt und unmittelbar, somit inklusive dem Privatvermögen der Gesellschafter, für die Schulden der Gesellschaft.

Das – abdingbare – Grundprinzip der oHG sieht nach § 120 Abs. 2 HGB die Gewinnverteilung nach dem Verhältnis der Kapitalanteile an der Gesellschaft vor sowie eine Vorabverzinsung des jeweiligen Kapitalanteils mit 4 %, sofern der Jahresgewinn hierzu ausreicht. Sowohl zur Geschäftsführung (§§ 114 ff. HGB) als auch zur Vertretung (§ 125 HGB) sind – als gesetzliche Regel – alle Gesellschafter berufen und befugt, und zwar jeder einzeln. Ausnahmen können durch den Gesellschaftsvertrag bestimmt werden.

b) Kommanditgesellschaft (KG) (§§ 161 ff. HGB)

Die Besonderheit der KG liegt insbesondere in der Möglichkeit der unterschiedlichen Haftung der Gesellschafter gegenüber Gesellschaftsgläubigern. Ein Teil der Gesellschafter haftet ohne jedwede Beschränkung (Vollhafter/Komplementär), während der andere Teil nur mit dem Betrag einer bestimmten Vermögenseinlage haftet (Teilhafter/Kommanditist).

Ergänzend, sofern keine anderen gesetzlichen Bestimmungen entgegenstehen, gelten wiederum die Vorschriften zur oHG gem. § 161 Abs. 2 HGB.

Ein großer Unterschied zur oHG ist der Ausschluss bestimmter Gesellschafter, nämlich der Kommanditisten, von der Geschäftsführung gem. § 164 HGB. Zugleich werden den Kommanditisten aber auch per Gesetz

Kontrollrechte und Einsichtsrechte in die Bücher der KG eingeräumt (§ 166 HGB).

An einem Verlust der Gesellschaft nimmt der Kommanditist gem. § 167 Abs. 3 HGB nur bis zum Betrag seines Kapitalanteils und seiner etwaigen rückständigen Einlage teil. Dieser Grundgedanke findet auch seinen steuerlichen Niederschlag in den Regelungen der begrenzten Verlustverrechnungsmöglichkeiten nach § 15a EStG.

III. Kapitalistisch strukturierte Gesellschaften

Kapitalistisch strukturierte Gesellschaftsformen zeichnen sich insbesondere dadurch aus, dass nicht eine persönliche Leistung und Haftung der Gesellschafter als Kernbereich der Beteiligung anzusehen ist, sondern grundsätzlich lediglich die reine Beteiligung mit Geld am Kapital des Unternehmens. Steuerlich sind kapitalistisch strukturierte Gesellschaften in der Regel als Körperschaften körperschaftsteuerpflichtig nach dem Körperschaftsteuergesetz.

Die nachfolgend dargestellten Rechtsformen haben aus Sicht des Steuerrechts aufgrund ihrer Struktur keine „Privatsphäre". Die Verwendung der steuerlichen Begriffe der „(Privat-)Entnahme" und/oder „(Privat-)Einlage" ist daher regelmäßig fehlerhaft. Vielmehr handelt es sich zumeist bei diesen Vorgängen u. U. um Vermögensmehrungen und -minderungen, die nach den körperschaftsteuerlichen Grundsätzen der verdeckten Einlage und der verdeckten Gewinnausschüttung (§ 8 Abs. 3 KStG) zu überprüfen sind.

1. Aktiengesellschaft (AG)

Die AG ist gem. § 3 AktG Formkaufmann und hat nach § 7 AktG einen Mindestnennbetrag des Grundkapitals von € 50.000.

Für die Verbindlichkeiten der AG haftet den Gläubigern nur das Gesellschaftsvermögen.

Die AG ist eine juristische Person, die gem. § 41 Abs. 1 Satz 1 AktG erst mit Eintragung in das Handelsregister entsteht. Es besteht die Möglichkeit einer „Einmann-AG" (vgl. §§ 2, 42 AktG).

Die Beteiligung der Aktionäre richtet sich nach der Anzahl der erworbenen Aktien und den damit verbundenen Stimmrechten. Ein Aktionär erzielt in der Regel Einnahmen entweder durch Ausschüttungen (Dividenden) aus den Gewinnen der AG oder durch den Verkauf der Aktien über dem Einkaufspreis.

Der Gewinn der AG unterliegt der Körperschaftsteuer sowie kraft Rechtsform auch der Gewerbesteuer; die AG ist eigenständiges Steuersubjekt und voll steuerrechtsfähig. Eine Zurechnung des Gewinns unabhängig von Dividenden an die Anteilseigner erfolgt nicht.

Die Ermittlung des steuerlichen Einkommens erfolgt durch Verweis des § 8 Abs. 1 Satz 1 KStG grundsätzlich nach den Vorschriften des Einkommensteuergesetzes unter Berücksichtigung weiterer Besonderheiten nach den §§ 8 ff. KStG.

2. GmbH und Unternehmergesellschaft (UG) haftungsbeschränkt

Die Gesellschaft mit beschränkter Haftung (GmbH) bildet die wohl derzeit noch häufigste Rechtsform einer haftungsbeschränkten Unternehmensform. Die Gesellschaft kann von einem oder mehreren Gesellschaftern gegründet werden und entsteht handelsrechtlich – wie auch die AG – erst mit Eintragung in das Handelsregister.

Steuerlich ist die GmbH voll rechtsfähig und damit selber Steuersubjekt der Körperschaftsteuer (vgl. AG).

Steuerlich wird bereits die Vorgesellschaft nach den Grundsätzen des Körperschaftsteuergesetzes besteuert, trotz der zu diesem Zeitpunkt noch fehlenden Handelsregistereintragung. Das heißt, mit Erstellen der Satzung behandelt das Steuerrecht die GmbH (i. G.) als steuerrechtlich vollwertige GmbH.

Die UG stellt lediglich eine gesellschaftsrechtliche Sonderform der GmbH dar (vgl. § 5a GmbHG), die steuerlich mit der GmbH gleichgestellt ist.

Die UG eröffnet die Möglichkeit, eine haftungsbeschränkte Gesellschaftsform zu wählen, ohne das für eine GmbH notwendige Stammkapital aufzubringen.

Bei der Gründung muss hinsichtlich des Stammkapitals insbesondere beachtet werden, dass mit Gründungskosten (Notar, Gericht, Veröffentlichung, Eröffnungsbilanz) von mindestens € 300 zu rechnen ist und somit bei zu geringer Höhe des Stammkapitals sehr leicht eine bilanzielle Überschuldung mit der Folge der regelmäßig bestehenden oder zumindest zu prüfenden Insolvenzantragspflicht der Gesellschaft eintritt.

Ferner ist als Besonderheit zu berücksichtigen, dass gem. § 5a Abs. 3 GmbHG 25 % des Jahresüberschusses in eine gesonderte Kapitalrücklage einzustellen ist. Diese dient letztendlich sinngemäß der Ansparung des Kapitals bis zum Erreichen des für die „reguläre" GmbH geltenden Betrags des Stammkapitals von € 25.000.

Insbesondere im Bereich der UG drängt sich die Prüfung des Kleinstkapitalgesellschaften-Bilanzierungsänderungsgesetzes, also die Anwendbarkeit der Regelungen und insbesondere der Erleichterungen für Kleinstkapitalgesellschaften auf (siehe § 267a HGB und Ausführungen zur Veröffentlichung unter A.IV. 2.).

Literaturverzeichnis

Baumbach/Hopt [Hrsg], Handelsgesetzbuch, 40. Auflage, 2021.

Beck´scher Bilanz-Kommentar, 12. Auflage 2020.

Möllenbeck, Claus, Einkommensteuerrecht I, 5. Auflage 2021.

ders., Einkommensteuerrecht II, 5. Auflage 2021.

Nießen, Gerhard, System, Technik und rechtliche Grundlagen der doppelten Buchführung, 4. Auflage 2020.

Nießen, Gerhard, Steuerliche Gewinnermittlung aufgrund doppelter Buchführung, 4. Auflage 2020.

NOMOS Kommentar, *Heidel/Schall* [Hrsg], HGB-Handkommentar, 3. Auflage 2020.

Schmidt, Ludwig, EStG – Kommentar, 40. Auflage 2021.

Anhang

Schematische Darstellung der Abgrenzungspositionen und deren Voraussetzungen

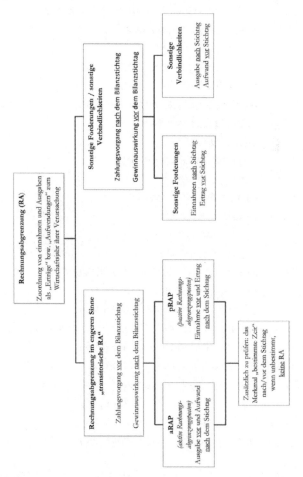

In der Reihe „Fachanwalt Steuerrecht" der Hagen Law School sind weitere Bände erschienen:

Band 1	System, Technik und rechtliche Grundlagen der doppelten Buchführung	
	Gerhard Nießen	
Band 2	Steuerliche Gewinnermittlung aufgrund doppelter Buchführung	
	Gerhard Nießen	
Band 4	Steuerliche Sonderbilanzen	
	Christian Hahn, Marrie Landt	
Band 5	Besteuerungsverfahren I – Feststellungs- und Festsetzungsverfahren	
	Annette Warsönke	
Band 6	Besteuerungsverfahren II – Korrektur von Steuerverwaltungsakten	
	Annette Warsönke	
Band 7	Haftungsfragen des Steuerrechts	
	Daniel Beisel	
Band 8	Rechtsbehelfsverfahren nach Abgabenordnung und Finanzgerichtsordnung	
	Daniel Beisel	
Band 9	Steuerliches Bewertungsrecht	
	Johannes Rümelin	
Band 10	Einkommensteuerrecht I	
	Claus Möllenbeck	
Band 11	Einkommensteuerrecht II	
	Claus Möllenbeck	
Band 12	Körperschaft- und Gewerbesteuer	
	Felix Kessens	
Band 13	Umsatz- und Grunderwerbsteuer	
	Johannes Rümelin, Philipp Hammes, Felix Hammes	
Band 14	Erbschaft- und Schenkungsteuer	
	Judith Mehren, Karsten Lorenz	
Band 15	Zölle und Verbrauchsteuer, Internationales Steuerrecht	
	Günter Heenen, Ralf Klapdor	
Band 16	Steuerstrafrecht	
	Norman Lenger-Bauchowitz, Henner Apfel	

Die Bücher sind im Shop des Hagener Wissenschaftsverlages unter www.hwv-verlag.de, im Buchhandel und bei Amazon erhältlich.